David Benda Malonga

Conceção e produção de uma aplicação de gestão de listas de prémios

David Benda Malonga

Conceção e produção de uma aplicação de gestão de listas de prémios

A cidade de LIKASI

ScienciaScripts

Cover image: www.ingimage.com

This book is a translation from the original published under ISBN 978-620-6-70724-0.

Publisher:
Sciencia Scripts
is a trademark of
Dodo Books Indian Ocean Ltd. and OmniScriptum S.R.L publishing group

120 High Road, East Finchley, London, N2 9ED, United Kingdom
Str. Armeneasca 28/1, office 1, Chisinau MD-2012, Republic of Moldova, Europe
Printed at: see last page
ISBN: 978-620-7-79613-7

EPIGRÁFICO

"A ciência sem consciência não é mais do que a ruína da alma".

[François Rabelais]

Alicia NKULU VUELE

DEDICAÇÃO

À família NKULU VUELE

Alicia NKULU VUELE

PREÂMBULO

Como é habitual na República Democrática do Congo, um estudante que pretenda obter um diploma em qualquer disciplina, e especialmente em informática comercial no nosso caso, deve produzir um trabalho científico que avalie os conhecimentos e competências adquiridos durante os seus anos de estudo na universidade. Foi com este objetivo que redigimos este trabalho.

O homem inventou a escrita para ter ao seu alcance um meio de preservar os grandes autores e as suas experiências dos fenómenos da vida. Assim, a informação e o saber-fazer do mundo estão registados em aparadores e armários.

Hoje em dia, o mundo assemelha-se cada vez mais a uma pequena aldeia, graças aos privilégios da informática. Dada a forma como o mundo evolui atualmente do ponto de vista tecnológico, a informática tornou-se um elemento indispensável na evolução do universo, que o homem sempre procurou melhorar através da invenção de várias máquinas desde a antiguidade. Atualmente, o homem conseguiu, para além dos seus sonhos mais loucos, criar uma máquina capaz de processar informações de forma automática e racional, utilizando programas armazenados na sua preciosa ferramenta, o computador. Atualmente, todas as empresas estão interessadas nesta ferramenta para flexibilizar a sua gestão, e é com este mesmo meio de tratamento da informação que vamos criar uma aplicação para os serviços dos agentes gestores.

AGRADECIMENTOS

Agradecemos a Deus Eterno, Todo-Poderoso, a graça que nos concedeu até ao fim do nosso trabalho.

Os nossos agradecimentos vão também para o reitor da Université Chrétienne source de Vie, Dr. MULOPWE DIBWE, para o secretário-geral académico, Dr. Eric MPYANA, e para todo o corpo docente da universidade.

Gostaríamos de agradecer à Université Chrétienne source de Vie pelos cursos de formação organizados.

Gostaríamos de agradecer ao nosso diretor, Sr. Theodore MWANZA KALEJA, pela sua assistência, orientação e conselhos, sem os quais este trabalho não teria visto a luz do dia.

Gostaríamos de vos agradecer, nossos queridos pais, Sr. Guillaume NKULU VUELE e Sra. Gorety MONGA MPANGA, pelo vosso carinho, amor e por tudo o que fizeram por nós.

Os nossos agradecimentos vão também para os meus irmãos e irmãs: Irène MONGA e o seu marido Pierre LUBABA, Guillaumetine NGOY, Nathalie MONGA e o seu marido Pascale NSWANA, Djo NUMBI, Chadrack NKULU, Otiniel UMBA, Cledia ILUNGA e a nossa filha mais nova Abigael MPANGA.

Os nossos agradecimentos vão diretamente para si, Sr. Venas NYEMBO ALIMASI, pelo seu apoio material, financeiro e moral.

Gostaríamos de expressar os nossos sinceros agradecimentos a todos os nossos queridos colegas. Não podemos nomear todas as pessoas que nos ajudaram e encorajaram de alguma forma, mas gostaríamos de lhes agradecer muito.

ACRÓNIMOS

UP: Processo Unificado

UML: Linguagem de Modelação Unificada

TFC: Fim dos trabalhos de ciclo

HTML : Linguagem de marcação de hipertexto

WWW: World Wide Web

CSS: Folhas de estilo em cascata

HTML : Linguagem de marcação de hipertexto

DBMS: Sistema de Gestão de Bases de Dados

DML: Linguagem de Manipulação de Dados

DDL: Linguagem de Descrição de Dados

IBM: International Business Machine

RDBMS: Sistema de gestão de bases de dados relacionais

SQL : Linguagem de consulta estruturada

MySQL : Microsoft Structured Query Language (Linguagem de Consulta Estruturada da Microsoft)

MVC: Modelo, Vista e Controlador

DAL: Camada de acesso aos dados

IU: Interface do utilizador

BLL: Business Logic Layer

TCP: Transfer Control Protocol

IP: Internet Protocol

HTTP: Protocolo de Transferência de Hipertexto

PHP : Pré-processador de hipertexto

ÍNDICE DE CONTEÚDOS

EPÍGRAFE ... 1
DEDICAÇÃO ... 2
PREÂMBULO ... 3
AGRADECIMENTOS ... 4
ACRÓNIMOS ... 5
CAPÍTULO 1 DEFINIÇÕES DE CONCEITOS E CONSIDERAÇÕES TEÓRICAS ... 13
CAPÍTULO DOIS ANÁLISE PRELIMINAR ... 23
CAPÍTULO TRÊS: CONCEPÇÃO PORMENORIZADA DO SISTEMA INFORMÁTICO. ... 44
IMPLEMENTAÇÃO E IMPLANTAÇÃO DA SOLUÇÃO INFORMÁTICA ... 55
CONCLUSÃO GERAL ... 60
BIBLIOGRAFIA ... 61

INTRODUÇÃO GERAL

1. GERAL

Hoje em dia, o mundo conhece um progresso tecnológico considerável em todos os sectores, graças à informática, que estuda as técnicas de tratamento automático da informação. Esta ciência desempenha um papel importante no desenvolvimento das empresas e de outras instituições.

Antes da invenção do computador, todas as informações eram registadas manualmente em papel, o que acarretava muitos problemas, como perder muito tempo à procura das informações ou danificá-las, etc.

Nos últimos trinta anos, as tecnologias da informação no sector empresarial sofreram uma evolução considerável. Os avanços tecnológicos no domínio do tratamento da informação tiveram um impacto importante no papel das TI no mundo. Se as primeiras aplicações eram utilizadas para automatizar as actividades operacionais das organizações (gestão da produção, gestão comercial e financeira, gestão de clientes, recursos humanos, etc.), os sistemas de informação actuais assumem níveis de gestão cada vez mais estratégicos. O desenvolvimento das tecnologias de informação levou à criação de novos hardwares e softwares que minimizam o tempo de processamento da informação, etapa essencial da moderna gestão de projectos.

Assim, até hoje, o computador continua a ser o meio mais seguro de tratamento e armazenamento de informações. Esta invenção permitiu a informatização dos sistemas de dados das empresas, o que constitui atualmente uma parte essencial do seu desenvolvimento.

No sector da educação, as TI fornecem ferramentas e produtos digitais que podem ser utilizados para melhorar a qualidade do ensino.

As TI tornam-se assim a melhor forma de otimizar o tratamento da informação nas organizações. Estas organizações viram o seu volume de negócios aumentar graças a este tratamento. Equipar-se com ferramentas informáticas tornou-se, por assim dizer, uma corrida para a evolução.
A subdivisão, sendo também uma organização, não é exceção à regra. Assim, com o objetivo de atenuar os problemas com que se depara na sua gestão, o nosso tema intitula-se: "*a conceção e a produção de uma aplicação de acompanhamento do percurso escolar dos*

alunos", tendo como caso de estudo a subdivisão Likasi I.

2. ESTADO DA QUESTÃO

O estado da questão é um exame da questão e uma revisão da literatura anterior sobre o assunto, a fim de identificar a originalidade do trabalho do autor em relação aos outros. [1]Este esforço evita que o autor volte a percorrer o terreno já percorrido; em suma, uma repetição desnecessária do ponto de vista científico" .

Nesta parte do nosso trabalho, estabelecemos uma linha com os trabalhos anteriores.

➢ NDAYA ILUNGA IRÈNE falou sobre "a conceção e a implementação de uma aplicação de produção de listas de prémios", um estudo de caso do instituto NDOTO.

- As questões a abordar neste projeto são

▪ É difícil gerir e monitorizar os dados relativos ao instituto devido à fraca tecnologia de armazenamento de dados; a informação é registada em papel.

▪ A elaboração e a transmissão dos diferentes relatórios entre os jogadores são demasiado demoradas.

▪ De facto, numa escola antiga como o Instituto NDOTO, verifica-se que a gestão das actividades na área da produtividade dos resultados é ainda manual, o que torna o trabalho repetitivo e fastidioso, dada a importância da área a tratar e o número de alunos.

A hipótese deste trabalho era criar um sistema para resolver os problemas associados à produção da lista de prémios.

O investigador que citámos abordou o tema da gestão das tabelas classificativas da mesma forma que o anterior, mas, para os nossos propósitos, vamos sublinhar que estamos interessados não apenas na gestão da tabela classificativa de uma única escola, mas na gestão da tabela classificativa de várias escolas (o âmbito deste tema é sobre escolas espalhadas por toda uma cidade).

---

[1] KAZADI KIMBU e KALUNGA MAWAZO, *métodos de investigação e de análise em ciências sociais e humanas. humaines : une lecture de la critologie de la scientificité intersubjective*,EDUPC /lubumbashi,2013 ,p.117

3. ESCOLHA E INTERESSE DO TEMA

3.1 Escolha do tema

A escolha deste tema nasceu de uma motivação pessoal após a observação participante no sistema funcional da subdivisão de Likasi I, bem como do declínio do nível de educação dos alunos na República Democrática do Congo em geral e na cidade de Likasi em particular.

3.2 Interesses do sujeito

a. Interesse pessoal

Este trabalho permitiu-nos conciliar as teorias que aprendemos com os aspectos práticos dos nossos três anos de estudo. Além disso, após a conclusão do projeto, ser-nos-á atribuído o título de Licenciado em Informática Empresarial.

b. Interesse científico

De um ponto de vista científico, este trabalho constitui uma referência para futuros investigadores.

c. Interesses sociais

Os resultados deste estudo permitirão aos responsáveis das sub-divisões melhorar a sua gestão através da aplicação que será desenvolvida, e às escolas consultar o catálogo sem terem de se deslocar.

4. QUESTÕES E HIPÓTESES

a. Questões

A problemática é um conjunto de perguntas e questões que o investigador coloca a si próprio sobre o seu objeto de estudo. [2] Pode ser formulada numa única questão ou em várias questões. É um conjunto de preocupações e inquietações que o investigador examina ao longo do seu trabalho com o objetivo de as resolver.

Durante a nossa visita ao local, identificámos uma série de problemas
seguintes ;

[2] KAZADI KIMBU e KALUNGA MAWAZO, *Les méthodes de recherche et d'analyse en sciences sociales et humaines*, EDUPC/Lubumbashi, 2013, p.108

➢ Perda de tempo considerável na procura de informações:

Todos os anos, há uma necessidade real de registar informações. Uma escola tem vários alunos e é necessário memorizar todos esses alunos para melhor acompanhar a sua evolução. Dado que a gestão é manual, é difícil encontrar informações sobre um aluno de um determinado ano ou escola.

Tendo em conta o grande número de escolas e de alunos envolvidos e o tratamento manual da informação na subdivisão, encontrar um elemento em tempo recorde é não só difícil, mas também hipotético.

➢ Dificuldade em identificar as escolas e os alunos

Cada escola deve ser conhecida. A sub-divisão é suposta possuir todas as informações sobre os alunos das diferentes escolas espalhadas pela cidade. Atualmente, no entanto, é impossível ter uma visão global de todas estas informações.

Por conseguinte, a nossa investigação centrar-se-á na seguinte questão de investigação: Que ferramentas podemos fornecer ao registo do ensino primário, secundário e técnico na subdivisão de Likasi I para garantir um acompanhamento eficiente e eficaz do percurso escolar dos alunos?

b. Hipótese

A hipótese de investigação é definida como "a resposta proposta à pergunta que fazemos sobre o objeto da investigação, formulada em termos tais que a observação e a análise possam dar uma resposta".[3]

Com base nos problemas acima referidos, pode afirmar-se que a informatização do serviço responsável pela gestão do currículo escolar dos alunos inscritos no ensino primário, secundário e técnico na cidade urbana de Likasi seria a solução desejada e reduziria significativamente os casos de fraude ligados à gestão dos dossiers dos alunos.

Em termos concretos, o objetivo é criar uma aplicação Web para gerir a publicação dos resultados dos alunos, com vista a reduzir significativamente o número de casos de sobreposição de turmas nas várias escolas sob a sua jurisdição.

---

[3] RONGERE e MULUMBATI NG, *manual de sociologia geral*, Ed. África, Lubumbashi 1980, p. 21.

5. MÉTODOS E TÉCNICAS DE INVESTIGAÇÃO

5.1 MÉTODOS

Em termos de representação filosófica, o método compreende o conjunto de operações intelectuais que uma disciplina aplica para demonstrar, verificar e estabelecer as verdades que persegue. [4] Deste ponto de vista, o método aparece como um conjunto de regras que são independentes de qualquer investigação, mas que visam formas de raciocínio que tornam acessível a realidade a apreender.

Para atingir os objectivos do nosso trabalho, utilizámos o método UP (Unified Process), que é um método de conceção de sistemas de informação que utiliza a linguagem UML.

5.2 TÉCNICAS

[5]Os métodos não devem ser confundidos com as técnicas que, como observam Robert PINTO e Madeleine GRAWITZ, "não passam de instrumentos postos à disposição da investigação e organizados pelo método para esse efeito" .

1. *Técnica de entrevista*

Trata-se de uma entrevista durante a qual o inquirido fornece informações oralmente ao entrevistador. Permitiu-nos recolher informações através de entrevistas com o pessoal da sub-divisão. Para recolher informações sobre o nosso trabalho, entrevistámos o chefe do pessoal, o chefe do SERNIE na subdivisão e o diretor de estudos da escola de Nyele.

2. *Técnica de observação*

Esta técnica permitiu-nos observar os processos à medida que se desenrolavam, a fim de identificar os problemas com vista à sua resolução.

3. *Técnica documental*

Esta técnica permitiu-nos complementar as nossas entrevistas e observações com a consulta de certos documentos e sítios Web para enriquecer ainda mais o nosso trabalho.

---

[4] Ibrahima Lo, *Les méthodes de recherche scientifique en sciences sociales,* ed. Alto Aubier, Paris, 1995, p.17

[5] Jean-Louis Loubet del Bayle, Iniciação aos métodos das ciências sociais (2000), Toulouse

6. DELIMITAÇÃO

Para cumprir as exigências de rigor científico, considerámos necessário submeter o nosso trabalho a uma delimitação especial e temporal. Como se recomenda para qualquer trabalho científico, o tema a tratar deve ser delimitado em termos especiais e temporais.

Em termos de tempo, o nosso estudo abrange o período de dezembro de 2019 a outubro de 2020 e analisa as informações tratadas pelo instituto desde 2018 até à atualidade.

De um ponto de vista espacial, este trabalho limita-se à subdivisão, nomeadamente no serviço SERNIE.

7. SUBDIVISÃO DO TRABALHO

Para além da introdução e da conclusão geral, o presente trabalho divide-se em quatro capítulos:

- Primeiro capítulo: "Definição de conceitos e considerações teóricas". Este capítulo é dedicado à definição dos principais conceitos utilizados na disciplina e à apresentação das diferentes teorias abordadas.
- Segundo capítulo: "Estudo do sistema existente". Este capítulo apresenta o atual sistema de gestão do currículo na subdivisão.
- Terceiro capítulo: "Conceção pormenorizada do sistema informático" para garantir que as abordagens de conceção e de modelização são corretamente aplicadas;
- Quarto capítulo: "Implementação do sistema informático". Neste capítulo, desenvolvemos a aplicação para atingir o nosso objetivo.

CAPÍTULO I
DEFINIÇÕES DE CONCEITOS E CONSIDERAÇÕES TEÓRICAS

I.1. INTRODUÇÃO

Neste capítulo, começamos por definir os conceitos para que os nossos leitores tenham uma visão clara do conteúdo.

Em segundo lugar, apresentamos as teorias relacionadas com o nosso tema. Nomeadamente as relativas ao método utilizado, à linguagem de modelização, etc.

I.2. DEFINIÇÃO DE CONCEITOS BÁSICOS

- **Conceção:** em ciências sociais e humanas, conceção é o modo de perceção de uma ideia; em biologia e medicina, conceção é sinónimo de fecundação, ou seja, a ação pela qual se concebe um ser vivo, uma criança. [6]Nas ciências aplicadas e na disciplina, ou seja, na informática, a conceção é o processo de criação de desenhos ou projectos, mais especificamente no contexto de produtos tangíveis ou intangíveis .
- **Realização:** ação que consiste em passar algo do abstrato para o concreto.
- [7]**Aplicação:** um programa ou conjunto de programas concebidos para ajudar um utilizador de computador a realizar uma tarefa específica.
- **Monitorização**: é um conjunto de operações que consiste em monitorizar e controlar um processo para obter o resultado desejado nas melhores condições possíveis.
- **O currículo escolar de um aluno:** um conjunto de estudos escolares num determinado domínio, que conduz frequentemente a um diploma estatal na RDC.[8]

I.3 CONSIDERAÇÕES TEÓRICAS

A. Teorias da informação

[9]É uma teoria que visa quantificar e qualificar a noção de conteúdo de informação presente num conjunto de dados sem precisão, é o nome habitual que designa a teoria da informação de Shannon, que é uma teoria probabilística que permite quantificar o conteúdo médio de informação de um conjunto de mensagens, cuja codificação informática satisfaz uma distribuição estatística precisa .

---

[6] http:// En.m.Wikipedia.org/wiki/conception consultado em 03/02/2020 às 12 : 30.
[7] Http: www.larousse.fr/dictionnaire/français/application/176,consulté em 03/02/2020,15:00.
[8] https://cordial.fr/dictionnaire/definition/cursus.php consultado em 03/02/2020 às 18h00
[9] http://fr.wikipedia.org/wiki/theorie-de-27informatique consultado em 03/02/2020 às 19:50

B. Teoria dos sistemas de informação

Uma empresa é um sistema complexo no qual circula uma enorme quantidade de informação. Sem um sistema de controlo destes fluxos, uma empresa pode rapidamente ficar sobrecarregada e deixar de funcionar com uma qualidade de serviço satisfatória. O desafio para qualquer empresa, seja ela comercial, industrial ou de serviços, consiste em criar um sistema concebido para recolher, armazenar, tratar e distribuir informações (com um tempo de resposta suficientemente curto). Este sistema de informação será a ligação entre dois outros sistemas da empresa: o sistema operacional e o sistema de gestão.

O sistema de informação é o conjunto de recursos humanos, técnicos e financeiros que fornecem, utilizam, compilam, processam e distribuem a informação da organização. Alimenta a organização com informação proveniente de várias fontes (internas ou externas). [10]É a porta de entrada obrigatória para toda a informação da empresa.

O sistema de informação deve descrever (ou representar) o funcionamento do sistema operativo da forma mais exacta possível. Para tal, deve incorporar uma base de informação na qual será armazenada a descrição dos objectos, regras e restrições do sistema operativo. [11]Como esta base está sujeita a alterações, o sistema de informação deve estar equipado com um mecanismo (chamado processador de informação) concebido para gerir e controlar essas alterações.

C. Teoria dos sistemas

Em anatomia, um sistema refere-se a um conjunto de partes semelhantes que participam nma atividade comum (sistema cardíaco, sistema digestivo, sistema respiratório, etc.). [12]Em ciências, o sistema pode ser utilizado para definir unidades, por exemplo, o sistema métrico. Um sistema é um elemento finito cujo perímetro é uma fronteira que o separa do seu ambiente.

Interage com o seu ambiente através de fluxos de informação de entrada, que processa e devolve ao ambiente sob a forma de fluxos de informação de saída.

O sistema produzirá informações que reflectem o seu comportamento, tanto no ambiente

[10] J.Batiste , *Merise, Guide pratique : modélisation des données et des traitements,* nova edição, ENI, paris, P.6

[11] F.DIGALLO, Methodologie des systemes d'informations-merise,CNAM ANGOULEME, 2001-2002, Paris, P.7

[12] J.Batiste , *Merise, Guide pratique : modélisation des données et des traitements,* nova edição, ENI, paris, P.6

como em seu próprio nome. Um sistema comunica.

Para tomar decisões, um sistema precisa de armazenar e processar informações.

A teoria dos sistemas é definida como uma teoria por oposição a outras teorias, porque procura regras de valor geral que possam ser aplicadas a todos os tipos desistemas e com qualquer grau de realidade. [13] É de notar que os sistemas são constituídos por módulos ordenados de partes interdependentes e em interação.

D. NOTAÇÃO UML

Em TI, a UML (Unified Modeling Language) é uma linguagem para as fases a montante do desenvolvimento de software. A UML é uma técnica de modelação unificada derivada de métodos mais antigos, como a OMT, a OOSE e a Booch. É principalmente uma linguagem de notação para a engenharia de software, mas é suficientemente completa para permitir a modelação de sistemas de informação em particular. A linguagem foi desenvolvida pela Rational Software, que financiou o trabalho de reunir os gurus do software do final do século: OOD (Booch), OMT (Rumbaugh) e OOSE2 (Jacobson). Mas a abordagem muito aberta, graças à Internet, permitiu a participação de muitos especialistas. Esta técnica de modelação conseguiu aproveitar o melhor de cada um dos métodos, que travavam uma guerra impiedosa entre si.

Nesta notação, são propostos ao projetista 9 tipos de diagramas para a construção de um modelo com a abordagem Agile, dos quais apenas metade são utilizados, com especial destaque para os diagramas de classes e de interação. Esta limitação deliberada reduz significativamente o tempo necessário para aprender a modelar com UML, sendo mais do que suficiente para a maioria dos projectos. [14] De acordo com Pascal Roques, a UML (Unified Modeling Language) é uma linguagem de modelação gráfica e textual concebida para compreender e descrever requisitos, especificar e documentar sistemas, delinear arquitecturas de software, conceber soluções e comunicar pontos de vista.

A. Utilidade da UML[15]

A UML é utilizada para especificar, visualizar, modificar e construir os documentos necessários para desenvolver software orientado para objectos. A UML fornece um padrão de

---

[13] http://definition-simple.com/theorie*ds-systeme consultado em 03/02/2020 às 20:02

[14]eP . Roques, *os cadernos do programador UML2, Modéliser une application web*, ed. Eyrolles, 4 dition, 2008, p.4

[15] http://Wikipedia.org. Acedido em 03/02/2020, 16:30.

modelação para representar a arquitetura do software.

Os vários elementos que podem ser representados são :

- Atividade de um objeto, software
- Jogadores
- Processo
- Esquema da base de dados
- Componente de software
- Reutilização de componentes

A versão 2 da UML propõe treze diagramas que podem ser utilizados para descrever um sistema. Estes diagramas estão agrupados em dois conjuntos principais.

❖ Diagramas estruturais: estes diagramas, que são seis, destinam-se a representar o aspeto estático de um sistema (classe, objeto componente, etc.).

- Diagrama de classes: este diagrama representa a descrição estática do sistema,integrando em cada classe a parte dedicada aos dados e a parte dedicada ao processamento. É o diagrama central para toda a modelação de sistemas.
- Diagrama de objectos: o diagrama de objectos é utilizado para representar uma instância de uma classe e as ligações entre instâncias.
- Diagrama de componentes: este diagrama representa os diferentes componentes de software ao nível da implementação do sistema.
- Diagrama de implantação: este diagrama descreve a arquitetura técnica de um sistema, centrando-se na distribuição dos componentes na configuração operacional.
- Diagrama de pacotes: este diagrama dá uma visão global do sistema. Estruturado em pacotes, cada pacote representa um conjunto homogéneo de elementos do sistema (a classe é um componente).
- Diagrama de estrutura composta: este diagrama é utilizado para descrever a estrutura interna de um conjunto complexo constituído, por exemplo, por classes ou objectos e componentes técnicos.

❖ Diagramas de comportamento: estes diagramas representam a parte dinâmica de um sistema que reage a eventos para produzir os resultados esperados pelo utilizador.

- Diagrama de casos de utilização: concebido para representar as necessidades do utilizador em relação ao sistema. É um dos diagramas mais estruturantes na análise de um sistema.

- Diagrama de estado de transição: este diagrama mostra os diferentes estados dos objectos em resposta a eventos.
- Diagrama de actividades: este diagrama mostra a sequência de actividades específicas de uma operação ou caso de utilização. Também pode ser utilizado para representar fluxos de controlo e fluxos de dados.
- Diagrama de sequência: este diagrama descreve o cenário de cada caso de utilização, centrando-se na cronologia das operações que interagem com os objectos.
- Diagrama de comunicação: este diagrama é outra representação do cenário do caso de utilização que se centra mais nos objectos e nas mensagens trocadas.
- Diagrama de interação global: este diagrama fornece uma visão global das interacções descritas no diagrama de sequência e dos fluxos de controlo descritos no diagrama de actividades.
- Diagrama temporal: este diagrama é utilizado para representar os estados e as interacções dos objectos num contexto em que o tempo tem uma forte influência no comportamento do sistema a gerir.
- Os pontos fortes da UML[16]

A UML é uma linguagem formal e normalizada:

✓ maior precisão

✓ uma garantia de estabilidade

✓ Incentiva a utilização de ferramentas

➢ O UML é um meio de comunicação poderoso, por isso :

✓ Enquadra a análise.

✓ Facilita a compreensão de representações abstractas complexas.

✓ A sua versatilidade e flexibilidade fazem dela uma linguagem universal.

✓ Pontos fracos do UML A aplicação prática do UML requer um período de aprendizagem.

E. MÉTODO UP (PROCESSO UNIFICADO)

A complexidade dos sistemas informáticos levou os designers a interessarem-se pelos métodos.

Os métodos de análise orientados para objectos foram originalmente desenvolvidos na indústria. A principal preocupação dos seus autores é a engenharia de software, ou seja, os

[16] P. Roques, *Os cadernos do programador UML2, Modelar uma aplicação web, Eyrolles, 4ª edição, 2008, p.4*

princípios e técnicas que permitem aumentar o rigor e a qualidade na construção de uma aplicação informática.

Inicialmente, o UML (Unified ModelingLanguage) era o resultado da fusão de três métodos orientados para os objectos: o método Booch, o método OMT e o método OOSE.

Num acontecimento considerável e quase miraculoso, os três "gurus" que dominavam cada um dos três métodos concordaram em definir um método comum que federasse as suas respectivas contribuições (desde então, foram apelidados de "os

Amigos"). Este esforço de convergência deu origem à UML, a "Linguagem de Modelação Unificada", sendo o adjetivo "unificada" utilizado para sublinhar que a UML "unifica" e, por conseguinte, substitui os métodos anteriores.

O problema colocado pela implementação do UML é simples: como passar da expressão dos requisitos para o código da aplicação (que método utilizar para passar da expressão dos requisitos para o código da aplicação)? A UML é apenas uma linguagem de modelação, não um método.

De facto, a UML não propõe uma abordagem de modelização que explique e enquadre todas as etapas de um projeto, desde a compreensão dos requisitos até à produção do código da aplicação. Um método deve definir uma sequência de etapas parcialmente ordenadas, cujo objetivo é produzir software de qualidade que satisfaça as necessidades dos utilizadores em prazos e custos previsíveis.

[17]Embora o UML não seja um método, os seus autores especificam, no entanto, que um método baseado na utilização do UML deve ser: orientado para os casos de utilização, centrado na arquitetura, iterativo e incremental, orientado para a redução do risco.

Dito isto, o método UP é um dos métodos que utiliza a notação UML.

O UP, traduzido literalmente como Processo Unificado, é um processo de desenvolvimento de software baseado na UML; é, portanto, iterativo, centrado na arquitetura, orientado por casos de utilização e orientado para a redução do risco.

- **O processo baseado em casos de utilização**,

Proporcionam uma compreensão clara dos desejos e necessidades dos futuros utilizadores. Os casos de utilização não são apenas uma ferramenta para especificar as necessidades do sistema; orientarão completamente o processo de desenvolvimento através da utilização de

[17] Http// : laurent-audibert.developpez.com/Cours-UML/images consultado em 23/11/2019 às 21h30

modelos baseados na linguagem UML.

- **O processo centrado na arquitetura,**

Esta descreve as diferentes perspectivas do sistema a construir. A arquitetura do software é equivalente aos aspectos estáticos e dinâmicos mais significativos do sistema. Resulta das necessidades da empresa, tal como expressas pelos utilizadores e outras partes interessadas e reflectidas nos casos de utilização.

- **O processo iterativo e incremental**

Uma iteração refere-se a uma sucessão de etapas, uma sequência de actividades, enquanto um incremento corresponde a um passo em frente nas várias fases de desenvolvimento. O processo iterativo limita os custos, em termos de riscos, às despesas estritas associadas a uma iteração. Em cada iteração, os programadores identificam e especificam os casos de utilização relevantes, criam uma conceção orientada pela arquitetura escolhida, implementam essa conceção sob a forma de componentes e verificam se estes cumprem os casos de utilização.

- **O processo de redução dos riscos**

O objetivo de um processo unificado é controlar a complexidade dos projectos informáticos, reduzindo os riscos.

A gestão de um processo deste tipo está organizada de acordo com as 4 fases seguintes: pré-estudo (início), desenvolvimento, construção e transição. [18]As suas actividades de desenvolvimento são definidas por 6 disciplinas fundamentais que descrevem a modelação do negócio, a recolha de requisitos, a análise e a conceção, a implementação, os testes e a implantação.

Este processo reúne as actividades envolvidas na transformação das necessidades de um utilizador num sistema de software. Geralmente, gere as seguintes actividades:

- **Expressão das necessidades :**

A expressão das necessidades permite :

- identificar os principais requisitos e fornecer uma lista das suas funções
- identificar os requisitos funcionais (do ponto de vista do utilizador) que conduzem ao desenvolvimento de modelos de casos de utilização
- compreender os requisitos não funcionais (técnicos) e fornecer uma lista de requisitos.

[18] P. Roque e F. Vallée, *UML2 en action, de l'analyse des besoins à la conception,* 4eme ed, EYROLLES, paris, P.24

O modelo de casos de utilização apresenta o sistema do ponto de vista do utilizador e representa as necessidades do cliente sob a forma de casos de utilização e actores.

- **Análise**

O objetivo da análise é compreender as necessidades e os requisitos do cliente. O objetivo é produzir especificações que permitam a conceção da solução.

Um modelo de análise fornece uma especificação completa dos requisitos derivados dos casos de utilização e estrutura-os de forma a facilitar a compreensão (cenários), a preparação (definição da arquitetura), a modificação e a manutenção do futuro sistema.

- **Conceção**

A conceção permite compreender em profundidade os condicionalismos associados à linguagem de programação, à utilização dos componentes e ao sistema operativo. Determina as principais interfaces e transcreve-as através de uma notação comum.

Constitui um ponto de partida para a implementação:

- Divide o trabalho de implementação em subsistemas
- Cria uma abstração transparente da implementação

- **Implementação**

A implementação é o resultado da conceção para implementar o sistema sob a forma de componentes, ou seja, código-fonte, scripts, binários, executáveis e outros elementos do mesmo tipo. Os principais objectivos da implementação são planear a integração dos componentes para cada iteração e produzir as classes e os subsistemas sob a forma de código-fonte.

- **Teste**

Os testes são utilizados para verificar os resultados da implementação, testando a construção.

Uma metodologia que utiliza a UML e um conjunto de boas práticas coerentes entre si, permite contornar os problemas recorrentes de muitos projectos: desvio de custos e prazos, qualidade insuficiente, resposta incompleta às expectativas dos utilizadores. Um dos pontos fortes desta abordagem é a sua adaptabilidade. A UP pode ser adaptada à escala do projeto, à experiência da equipa envolvida e à natureza da solução a construir.

F. SISTEMA DE GESTÃO DE BASES DE DADOS

Em informática, um sistema de gestão de bases de dados é uma solução que permite a um ou mais utilizadores criar e aceder a dados para manipulação.

Existe um grande número de SGBD no mundo da gestão e, a título ilustrativo, enumerámos alguns dos que estão atualmente em voga:

- **Oráculo :**

É um sistema de gestão de bases de dados relacionais que, desde aintrodução do suporte para o modelo de objeto na versão 8, também pode ser descrito como um sistema de gestão de bases de dados relacionais. Nunca houve uma versão 1 por razões de marketing; a primeira versão foi a versão 2.

A versão 3 do oracle, inteiramente reescrita em linguagem de programação C, foi publicada em 1984 a versão 4, em 1985 a versão 5, em 1988 a versão 6, em 1992 a versão 7, em 1997 a versão 8 e em 1999 a versão 8i.

Em 2001 a versão 9i, em 2003 a versão 10g, em novembro de 2005 a versão 10g express Edition, em julho de 2007 a versão 11, em setembro de 2009 é publicada a versão 11g release 2, e a sua última versão foi publicada em julho de 2013 é a versão 12c.

- **MySQL :**

O MySQL é um sistema de gestão de bases de dados relacionais (RDBMS) rápido e robusto. Uma base de dados permite manipular, armazenar, ordenar, ler e pesquisar informações de forma eficiente. O servidor MySQL controla o acesso aos dados para garantir que vários utilizadores possam utilizar simultaneamente a mesma base de dados para aceder rapidamente aos mesmos e para garantir que apenas os utilizadores autorizados possam aceder aos dados. O MySQL é, portanto, um servidor multi-utilizador e multi-threaded. Utiliza a linguagem SQL (Structured Query Language), a linguagem de consulta padrão das bases de dados. O MySQL está disponível desde 1996, mas o seu desenvolvimento remonta a 1979. [19]É a base de dados de código aberto mais utilizada no mundo e ganhou o prémio Linux Journal Readers' Choice Award em várias ocasiões.

✓ **Algumas vantagens do MySQL :**

Os principais concorrentes do MySQL são o PostgreSQL, o Microsoft SQL Server e o Oracle.

O MySQL tem várias vantagens sobre eles:

- elevado desempenho ;
- custos mais baixos;
- Fácil de configurar e aprender;
- portabilidade ;

[19] L. Welling e L. Thomson, *PHP & MYSQL,* Pearson, 4ª Ed, P. 26

- acessibilidade do seu código-fonte;
- a disponibilidade de apoio.

[20]O MySQL é inegavelmente um sistema rápido .

A maioria dos testes mostram que o MySQL é várias ordens de magnitude mais rápido que os seus concorrentes. Em 2002, a eWeek publicou um teste de bancada comparando cinco bases de dados que alimentam uma aplicação web. O melhor resultado foi um empate entre o MySQL e o Oracle, apesar do Oracle ser um produto muito mais caro.

-Custo reduzido

O MySQL está disponível gratuitamente sob uma licença de código aberto ou, por um preço muito razoável, sob uma licença comercial. Deve obter uma licença se desejar redistribuir o MySQL numa aplicação e não quiser que a aplicação esteja sob uma licença de código aberto. Se não pretender distribuir a sua aplicação (o que é geralmente o caso da maioria das aplicações Web) ou se estiver a trabalhar em software de código aberto, não necessita de comprar uma licença.

- Fácil de utilizar

A maioria das bases de dados modernas utiliza SQL.

O MySQL é mais simples de instalar do que a maioria dos produtos semelhantes. A curva de aprendizagem para se tornar um Administrador de Base de Dados (DBA) é muito mais curta do que para outras bases de dados.

-Portabilidade

O MySQL pode ser utilizado num grande número de sistemas Unix, bem como no Windows.

-Código fonte

Tal como acontece com o PHP, pode obter o código fonte do MySQL em

Disponibilidade de suporte

Nem todos os produtos de código aberto têm uma empresa-mãe que ofereça serviços de apoio, formação, consultoria e certificação: pode obter tudo isto na MySQL AB (www.mysql.com).

[20] http://web.mysql.com/why-mysql/benchmark.html. Acedido em 03/02/2020 22:20

CAPÍTULO DOIS ANÁLISE PRELIMINAR

II.1 INTRODUÇÃO

A análise preliminar de um projeto informático é uma fase que consiste essencialmente em fazer o ponto da situação das soluções informáticas já implementadas na empresa e identificar os requisitos, nomeadamente em termos de novas funcionalidades.

II .2 DELIMITAÇÃO DO SISTEMA

II.2.1 APRESENTAÇÃO DA ORGANIZAÇÃO

a. Nome

O âmbito do nosso estudo é a subdivisão urbana de EPST/LIKASI1.

b. Localização geográfica

Os nossos estudos foram efectuados na subdivisão urbana de EPST/ LIKASI I, situada na comuna de LIKASI e na cidade com o mesmo nome. Situa-se na esquina da Avenida JACARANDA, Avenida da Independência e Boulevard Kamanyola, dentro do complexo escolar de Mapinduzi. Situa-se a 400 metros da igreja católica Sainte-Thérèse e na diagonal do parque da cidade de Likasi.

c. Panorama histórico

A sub-divisão LIKASI foi criada por decreto ministerial em 1975. Em 2018, será dividida em duas subdivisões distintas, LIKASI 1 e LIKASI 2.

LIKASI 1 gere as comunas de Likasi, SHITURU e PANDA, enquanto a comuna de KIKULA é gerida por LIKASI2.

d. ESTATUTO E OBJECTIVO

1. Estatuto jurídico

A subdivisão EPST/LIKASI é uma instituição estatal sob a supervisão da divisão provincial de LUBUMBASHI a nível provincial e do Ministério dEPST a nível nacional.

2. Objetivo

A gestão de uma Subdivisão do Ensino Básico, Secundário e Profissional incide essencialmente na supervisão administrativa, pedagógica e financeira do pessoal das escolas públicas e públicas aprovadas, à luz das directivas e instruções oficiais em vigor.

e. ORGANIZAÇÃO E FUNCIONAMENTO

1. Organização administrativa

A Subdivisão está organizada administrativamente em 17 células/departamentos coordenados pelo Chefe de Subdivisão:

1. Gabinete do Chefe de Subdivisão
2. Secretariado
3. Serviços gerais
4. Contabilidade
5. O.S.P (Orientação Educativa e Profissional)
6. Planeamento escolar e estatísticas
7. Educação
8. Ensino e formação técnica
9. E.V.F/EMP (Educação para a Vida e a Família)
10. Pensões e pensões de sobrevivência
11. Educação especial
12. Infra-estruturas escolares
13. Cultura e desporto escolar
14. E.P.A (Escola Privada Aprovada)
15. Parceria escolar
16. Ensino pré-escolar e primário
17. Ensino secundário

2. Como funciona :

1. A Sub-Provedoria: é a autoridade que envolve e supervisiona as células/serviços da sub-divisão. Ao longo do ano, realiza diversas actividades, tais como: administração, pedagogia, actividades socioculturais, finanças e infra-estruturas.

2. Secretariado: tem por função receber o correio e os visitantes, tratar o correio e as

consultas, dactilografar e arquivar documentos.

3. Serviços gerais: centraliza as informações relativas às carreiras do pessoal da entidade coordena e trata das actividades relacionadas com a gestão do pessoal da entidade.

4. O.S.P. (Orientation Scolaire et Professionnel): tem por objetivo :

- Supervisão dos COSP afectos às escolas ;
- Supervisão das actividades relacionadas com o aconselhamento escolar ;
- Acompanhamento dos progressos dos alunos na escola e organização de testes;
- Apoio psicológico aos estudantes.

5. Planeamento escolar e estatísticas: esta unidade/serviço é responsável por :

- Recenseamento anual dos estabelecimentos de ensino pré-primário, primário, secundário e técnico com vista à atualização do mapa escolar;
- Inquérito sobre a viabilidade da escola antes do anúncio de promoção da escola ;
- Preparação da promoção escolar setorial e transmissão dos dados para as reuniões provinciais de promoção escolar;
- Compilação do diretório escolar como dados em bruto.

6. Educação especial: o mandato desta unidade/serviço consiste em identificar e monitorizar os estabelecimentos que ministram educação especial; centros de recuperação, centros de educação correctiva, escolas para surdos e escolas para deficientes físicos.

7. Pensões e pensões de sobrevivência: as pensões e as pensões de sobrevivência desempenham um papel importante na educação:

- identificação dos professores falecidos ;
- identificação dos professores com vínculo precário através das listas de ordenados ;
- recenseamento dos professores doentes ;
- gestão dos casos sociais, em conformidade com a carta n.º MINEPSP/KE/081/850/2009 que atribui esta prerrogativa à unidade.

8. E.V.F/EMP (Educação para a Vida Familiar): é responsável pela formação dos educadores em educação para a vida e pela inscrição dos candidatos à formação; recruta

igualmente professores e supervisores de formação.

9. Infra-estruturas: gere :

- inventário das infra-estruturas ;

- recolha e tratamento de declarações de necessidades de equipamento e construção ou reabilitação de infra-estruturas escolares.

10. Parceria escolar: esta unidade é responsável por trabalhar com parceiros educativos e ONG envolvidas no sector EPST para promover a educação.

11. Cultura e desporto escolar: supervisiona e facilita a divulgação, a promoção, a regulamentação, a organização, a coordenação e o acompanhamento das actividades culturais e desportivas nas escolas primárias e secundárias.

12. Unidade didática: o objetivo da unidade didática é :

- organização, planeamento e acompanhamento das actividades educativas nas escolas LIKASI;

- assegura o cumprimento das instruções de ensino;

- explora os vários relatórios.

13. Ensino privado: gere os aspectos pedagógicos, administrativos e financeiros das escolas públicas.

14. Ensino técnico: abrange todas as escolas que dispõem de secções técnicas.

15. Contabilidade: Este serviço é responsável pela remuneração do pessoal, pela gestão dos documentos financeiros e pelo tratamento das facturas não pagas.

Organigrama geral

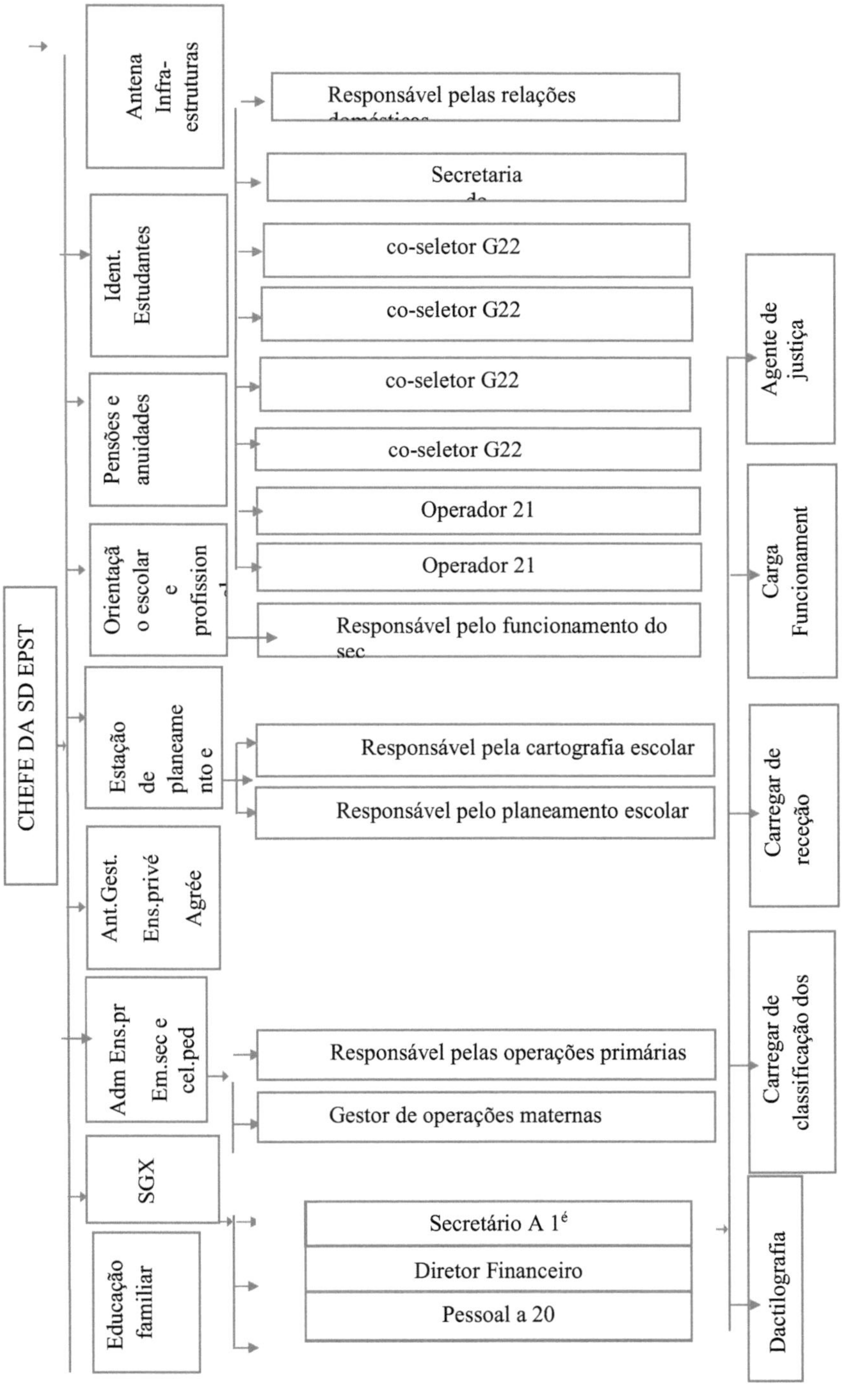

Fonte: Secretariado do EPST/Likasi em 10/10/2020

ORGANIZAÇÃO DA SERNIE

O SERNIE da subdivisão EPST/LIKASI está organizado do seguinte modo seguintes :

- O chefe de departamento (chefe de unidade) ;
- Os operadores ;
- Coleccionadores ;

II.2.2 DESCRIÇÃO DAS INSTALAÇÕES EXISTENTES

a. CRÍTICAS AO SISTEMA ACTUAL

- As tarefas administrativas e os procedimentos da organização para o acompanhamento dos estudantes são manuais, o que torna a tarefa complexa e morosa.
- Dificuldade de controlo: o gestor do SERNIE tem dificuldade em acompanhar a evolução dos trabalhos e em verificar a execução das tarefas.
- Armazenamento deficiente da informação: a mesma informação é armazenada várias vezes em todos os postos de trabalho. O problema é, portanto, de redundância da mesma informação, o que significa que qualquer alteração efectuada num dos postos de trabalho não se reflecte diretamente nos outros postos.

II.2.2.3 SOLUÇÃO PROPOSTA

A solução proposta para os problemas do processo atual consiste emautomatizar algumas das tarefas da subdivisão utilizando uma aplicação Web.

II.2.2.4 DIAGRAMA DE CONTEXTO ESTÁTICO

[21]O diagrama de contexto estático é utilizado para especificar o número de instâncias de actores ligados ao sistema num determinado momento. Este diagrama pode ser desenhado utilizando um diagrama de classes que envolva apenas os actores e o sistema.

---

[21] P. Roques & F. vallée, ibidem, P 64.

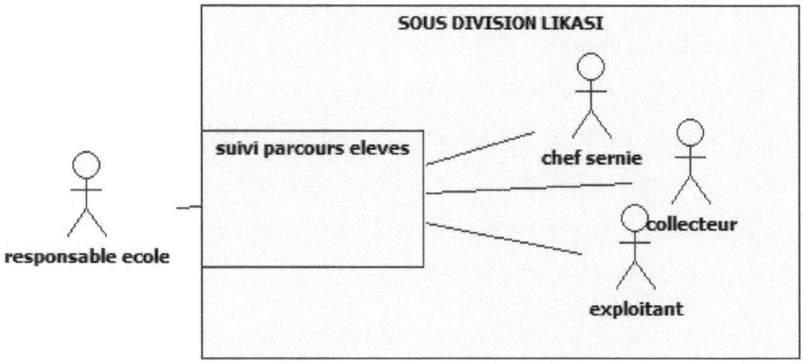

Figura 1: diagrama de contexto estático

II.3.2 Diagrama de casos de utilização comercial

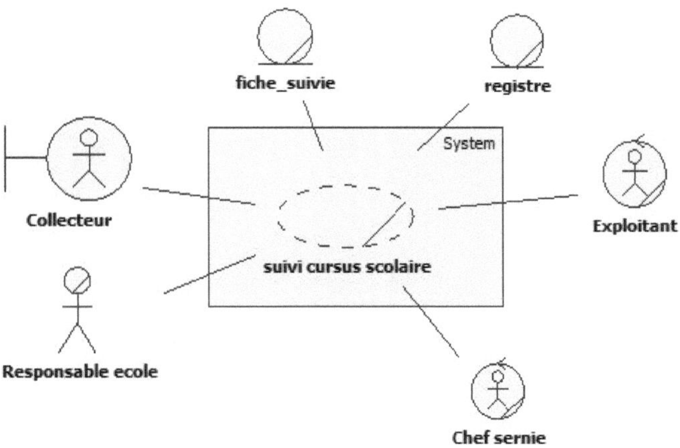

Figura 2: Diagrama de casos de utilização comercial

II.2.2.5 ESTUDO DOS PROCESSOS EMPRESARIAIS

[22] Um processo empresarial, também conhecido como processo comercial ou processo empresarial, refere-se a um conjunto de actividades inter-relacionadas ou em interação que contribuem para os objectivos comerciais de uma organização. O processo empresarial é executado por actores humanos ou autómatos que utilizam recursos. Em UML, estes processos são representados através de diagramas de atividade.

[22] http://fr .m.wikipedia.org/wiki/business_processes. Acedido em 26/02/2020 às 11h57

Acompanhar o progresso de um aluno

No início de cada ano, os colectores visitam as diferentes escolas da cidade para recolher informações sobre os alunos inscritos. O diretor da escola elabora um registo de identificação, cuja cópia é entregue aos responsáveis pela recolha. Os colectores, por sua vez, transmitem-no aos operadores, que compilam os dados e os apresentam ao chefe do SERNIE. A identidade dos alunos de cada escola é inscrita num registo.

No final do ano, os colectores voltam a visitar as escolas. Desta vez, o responsável da escola elabora uma ficha de acompanhamento para cada aluno, que inclui a identificação do aluno (turma anterior, turma seguinte, decisão, etc.). Após a recolha, estas fichas são enviadas aos operadores, que as compilam e informam o responsável do SERNIE.

Diagrama de actividades

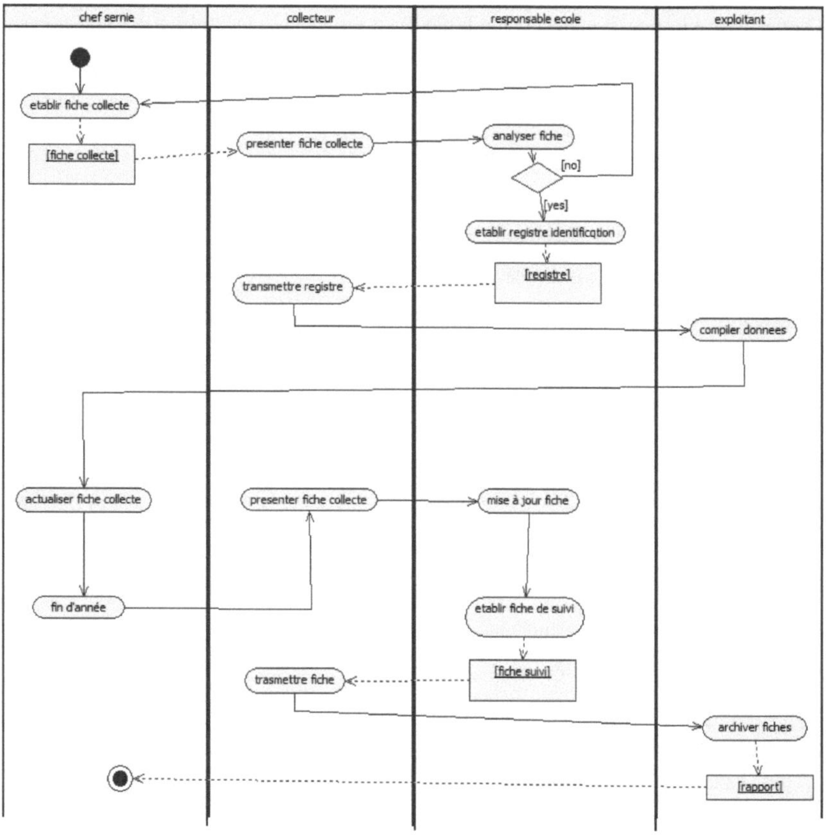

Figura 3: Diagrama de actividades do processo de monitorização

II.3.DETERMINAÇÃO DE CASOS DE UTILIZAÇÃO

II.3.1 IDENTIFICAÇÃO DAS PARTES INTERESSADAS E DOS CASOS DE UTILIZAÇÃO

- Identificar os actores

[23] Um ator representa a abstração de um papel desempenhado por entidades externas (utilizador ou outro sistema) que interagem diretamente com o sistema em estudo.

- O papel do **coletor** é o de ir para o terreno. Por outras palavras, vai às várias escolas para recolher informações sobre os alunos.

[23] P.Roques e F.vallee ; opcit ; p51

- **O operador** é responsável pela compilação das informações recolhidas pelos colectores e pela apresentação de um relatório ao gestor do SERNIE.
- **O chefe do SERNIE** é um ator cujo papel é codificar os estudantes.

- **O diretor** da **escola:** trata-se de um diretor de uma escola que beneficia dos serviços do SERNIE. Pode ser um diretor, um prefeito, ...

➢ Determinação de casos de utilização

Os casos de utilização descrevem, sob a forma de acções, o comportamento de um sistema do ponto de vista do utilizador. São utilizados para estruturar as necessidades dos utilizadores e os objectivos correspondentes do sistema. Tendo em conta os requisitos acima referidos, identificámos os seguintes casos de utilização:

- ❖ Iniciar sessão
- ❖ Criar conta na escola
- ❖ Atualização da lista de prémios: trata-se de atualizar a lista de prémios.
- ❖ Ver os prémios
- ❖ Pedido de transferência de estudante
- ❖ Processar pedido de transferência

II.3.2. DESCRIÇÃO TEXTUAL DOS CASOS DE UTILIZAÇÃO

A descrição textual dos casos de utilização é particularmente pormenorizada, a fim de obter uma expressão precisa dos requisitos. Cada caso de utilização deve ser associado a uma descrição textual das iterações entre os actores e o sistema. Esta é dividida em seis pontos:

[24] **Objetivo**: é uma breve descrição do contexto e dos resultados esperados do estudo de caso.

- **Actores envolvidos**: quer sejam primários ou secundários, os actores envolvidos no caso de utilização devem ser identificados, especificando o seu papel global.
- **Condição prévia**: se forem necessárias determinadas condições antes de o caso ser executado, estas devem ser indicadas a este nível.
- **Cenário nominal**: é o cenário principal que se realiza sem acidente e conduz ao resultado desejado.
- **Cenários alternativos**: trata-se de variantes do cenário secundário.

---

[24] J.Gabay et D.Gabay, *UML2 Analyse et conception*, Ed Dunod, paris, 2008, p82

- **Pós-condição**: a este nível, determinadas condições específicas devem ser cumpridas após a execução do processo.

1) **Atualizar a lista de prémios**

- **Objetivo:** este caso de utilização permite ao operador efetuar determinadas operações para atualizar a lista de classificação. As operações suportadas são: adicionar, modificar e eliminar informações sobre os alunos da lista de classificação.
- **Ator principal:** operador
- **Pré-requisito: -**
- **Cenário nominal :**

Operador	Sistema
1. Formulário de pedido de lista de prémios	2. Apresenta o formulário

Cenário alternativo

a. Caso de uma adição

1. O operador solicita o formulário de adição
2. o sistema apresenta o formulário solicitado
3. o operador introduz informações sobre um aluno
4. valida a entrada
5. o sistema grava e apresenta uma mensagem de confirmação

b. Caso de uma modificação

1. O operador solicita o formulário de modificação
2. o sistema apresenta o formulário solicitado
3. o operador inicia uma pesquisa da folha de registo
4. o sistema procura o aluno
5. o operador introduz as alterações a efetuar
6. valida a entrada
7. o sistema modifica e apresenta uma mensagem de confirmação

c. Eliminação

1. O operador solicita o formulário de supressão
2. O sistema exibe o formulário solicitado
3. O operador selecciona o aluno
4. Valida a eliminação
5. O sistema elimina o pensionista e apresenta uma mensagem de confirmação

2) **Ver os prémios**

Objetivo: este caso de utilização permite a um utilizador do sistema visualizar os resultados

dos alunos.

- **O ator principal: o** utilizador
- **Condição prévia:** existência d e pelo menos um formulário de controlo no
- **Cenário nominal :**

Utilizador	**Sistema**
1. Pedir o formulário de consulta da lista de prémios	Visualizar o formulário
3. Selecionar um aluno	5. procura e apresenta a página correspondente aos resultados do aluno.
4. Confirmar a seleção	

- **Estado do posto : -**

3) Pedido de transferência

Objetivo: este caso de utilização permite que o diretor de uma escola solicite a transferência de um aluno para outra escola.

- **O ator principal: o** diretor da escola.
- **Condição prévia:** existência da conta da escola e do aluno no sistema.
- Cenário nominal :

Diretor da escola	**Sistema**
1. Solicitar o formulário de pedido de transferência	2. Apresenta o formulário solicitado
3. Editar o pedido	5. envia o pedido e apresenta uma mensagem de confirmação
4. Confirma que o pedido	

- Condição de lançamento: existência de um novo pedido no sistema.

4) Processar pedido de transferência

Objetivo: este caso de utilização permite ao gestor do SERNIE validar ou invalidar um pedido de transferência de um determinado aluno para outra escola.

- **Ator principal:** chef SERNIE
- **Condição prévia:** existência de, pelo menos, um pedido em espera para ser tratado.
- **Cenário nominal :**

Diretor do SERNIE	**Sistema**
1. Pedir o formulário de tratamento pedidos	2. Apresenta o formulário
3. Iniciar a procura de um pedido	5. procura e apresenta o pedido
4. Valida o pedido	6. apresenta uma mensagem de confirmação

- Cenário alternativo :

a. Pedido rejeitado

1. o chefe do SERNIE rejeita o pedido
2. o sistema apresenta uma mensagem de confirmação

- Pós-condição: alteração do estado da aplicação.

5) Iniciar sessão

Objetivo: este caso de utilização permite que um utilizador aceda a um sistema depois de introduzir os seus dados de identificação.

- **O ator principal: o** utilizador
- **Pré-condição:** existência de pelo menos uma conta de utilizador, ou seja, login e password no sistema.

- **Cenário nominal :**

Utilizador	**Sistema**
1. Pedir o formulário de identificação	2. apresenta o formulário
3. Introduza o seu login e a sua palavra-passe passar	5. verifica o login e a password introduzidos e apresenta o menu principal abrindo uma nova sessão
4. Inicia o pedido de abertura da sua sessão.	

- **Cenário alternativo**

a. Introdução de identidades incorrectas

a.1 o sistema emite uma mensagem de erro e o cenário nominal é retomado na etapa 3 do cenário.

- **Condição de lançamento:** nova sessão aberta para o utilizador.

6) Criar conta na escola

Objetivo: este caso de utilização permite ao gestor do SERNIE criar uma conta para cada escola cujos alunos monitoriza.

- **Ator principal:** chef SERNIE
- **Condição prévia:** a conta da escola não existe no sistema.
- **Cenário nominal :**

Diretor do SERNIE	**Sistema**
1. Pedir o formulário de criação de conta escolar	2. Cartaz a forma solicitado
3. Introduzir o informação de conta	5. cria a conta e apresenta uma mensagem de confirmação
4. Ilvalide criação de conta	

- Condição de lançamento: existência de uma nova conta escolar no sistema.

II. 3.3 DIAGRAMA DE CASOS DE UTILIZAÇÃO

Os diagramas de casos de utilização são diagramas UML utilizados para dar uma visão global do comportamento funcional de um sistema de software.

Para facilitar a leitura, apresentámos separadamente o diagrama de casos de utilização funcional e o diagrama de casos de utilização técnica.

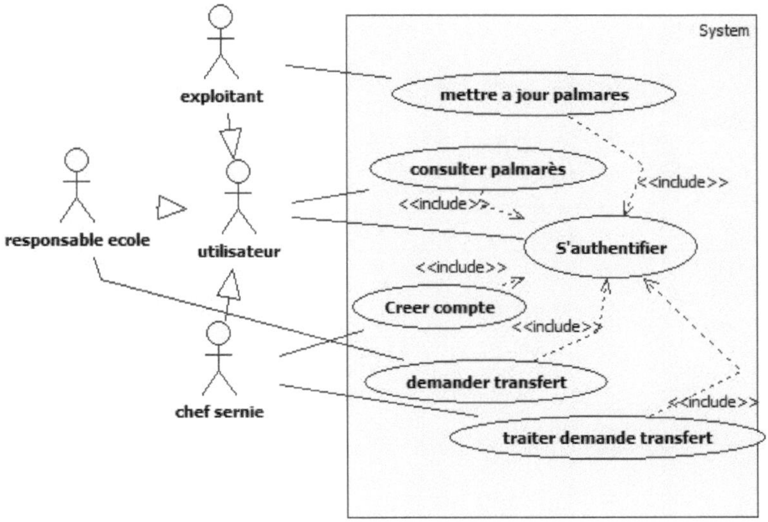

Figura 4: Diagrama de casos de utilização

II.4. DIAGRAMA DE SEQUÊNCIA DO SISTEMA

Diagrama de sequência: "autenticar-se

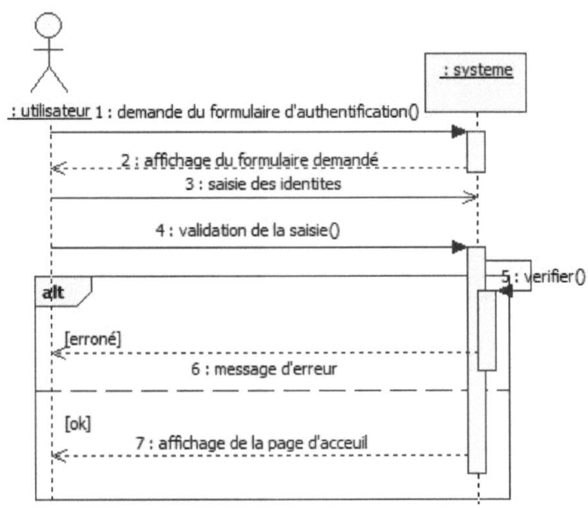

Figura 5: Diagrama da sequência de autenticação

Diagrama de sequência "Criar conta escolar

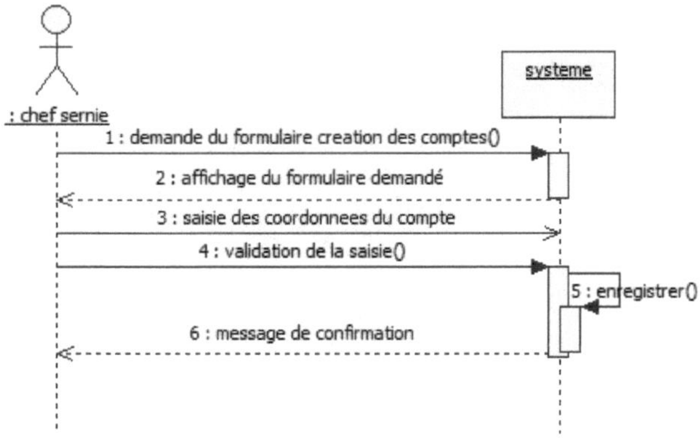

Figura 6: Diagrama de sequência de criação de conta

Diagrama de sequência "Atualizar lista de prémios

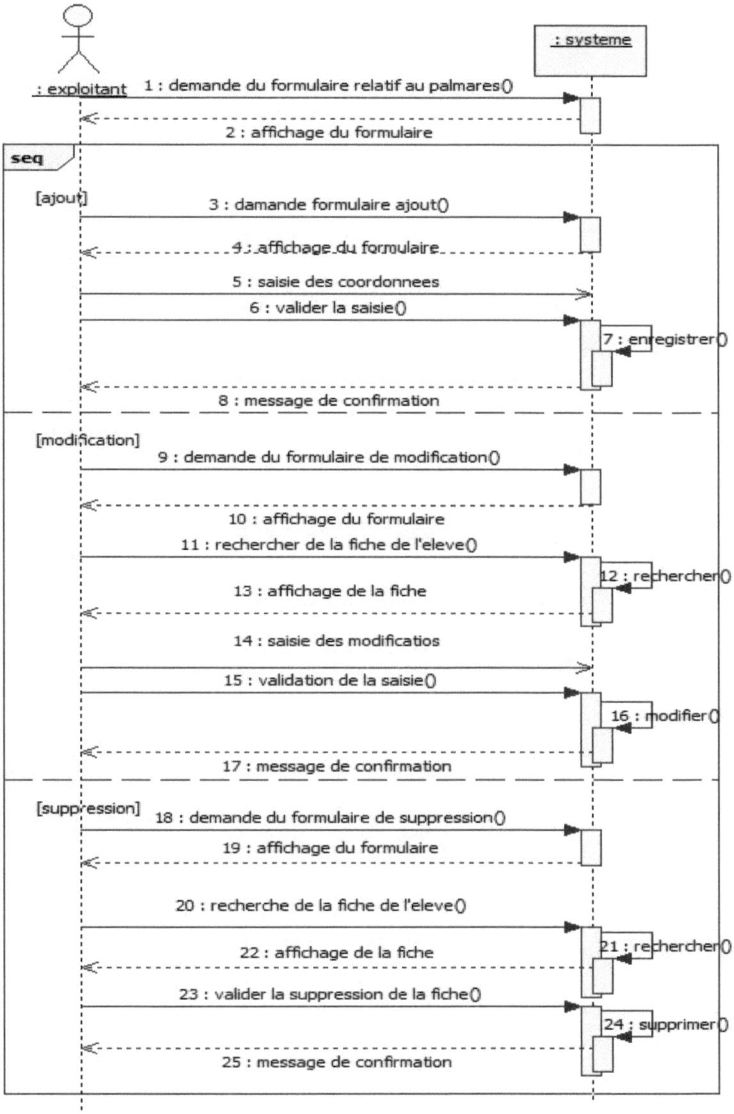

Figura 7: Diagrama de sequência de criação de conta

Diagrama de sequência "Consultar lista de prémios

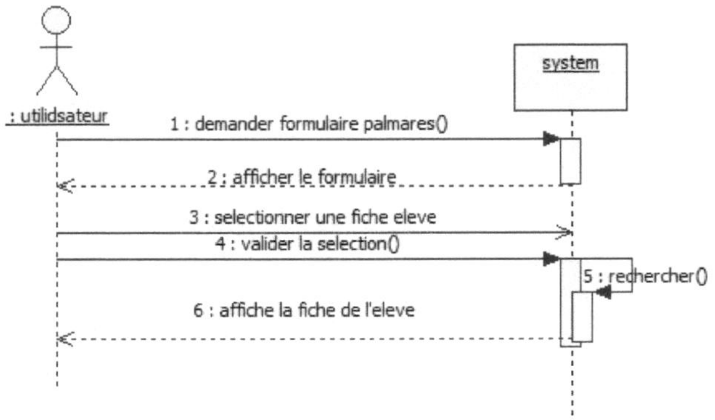

Figura 8: Diagrama de sequência para consulta da lista de prémios

Diagrama de sequência "Transferência de pedido

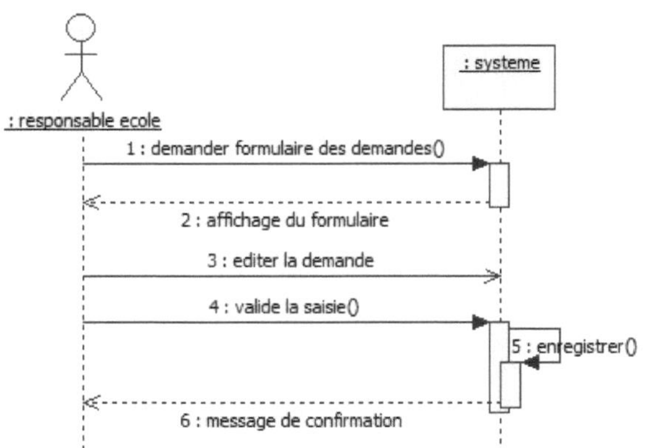

Figura 9: Diagrama de sequência do pedido de transferência

Diagrama de sequência "Pedido de transferência de processo

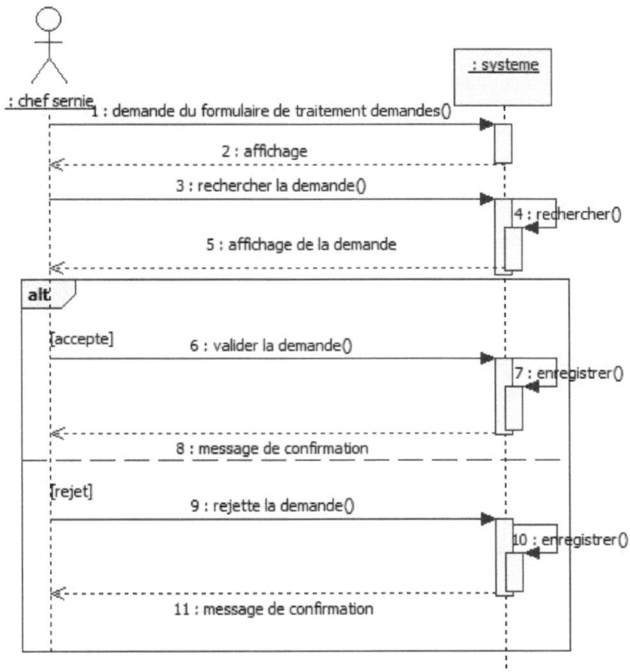

Figura 10: Diagrama de sequência do pedido de transferência de processos

II.5. DIAGRAMA DE CLASSES DE DOMÍNIO

O diagrama de classes é considerado o elemento mais importante da modelação orientada para os objectos. Fornece uma representação abstrata dos objectos do sistema que irão interagir para implementar os casos de utilização. É importante notar que o mesmo objeto pode estar envolvido em vários casos de utilização.

O diagrama de classes de domínio representa geralmente a estrutura estática de um sistema em termos de classes. A sua função é representar um conjunto de objectos, enquanto uma relação ou associação é utilizada para mostrar as ligações entre esses objectos.

II.5.1 IDENTIFICAÇÃO DOS DOCUMENTOS UTILIZADOS

Esta secção analisa os diferentes meios de comunicação envolvidos no processo, a fim de identificar as classes no terreno.

a. Registo dos alunos: trata-se de um documento no qual estão registados os alunos de cada escola.

Número do aluno, nome do aluno, nome do meio, nome próprio, data de nascimento, sexo, local de nascimento do aluno, nacionalidade, data de inscrição, turma, opção, endereço do aluno, ano letivo.

b. Formulário de acompanhamento: trata-se de um formulário utilizado para acompanhar a evolução de um aluno na subdivisão em cada ano.

Número do aluno, nome do aluno, nome do meio, nome próprio, data de nascimento, sexo, local de nascimento do aluno, nacionalidade, data de inscrição, turma, opção, turma seguinte, turma anterior, percentagem, decisão, nome da escola, endereço da escola, ano letivo.

c. Formulário de transferência: trata-se de um documento que certifica a transferência de um aluno de uma escola para outra.

Número do aluno, nome do aluno, nome do meio, nome próprio, data de nascimento, sexo, local de nascimento do aluno, nacionalidade, data de inscrição, turma, opção, nome da escola de origem, escola de destino, motivo da transferência.

II.5.2 DIAGRAMA DE CLASSE

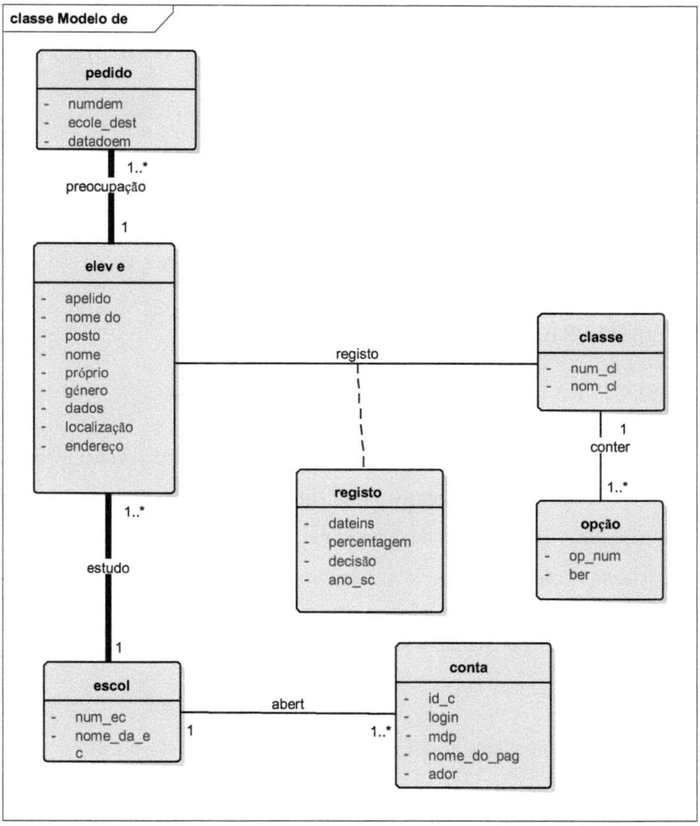

Figura 11: Diagrama de classes de domínio

CAPÍTULO TRÊS E
CONCEPÇÃO PORMENORIZADA DO SISTEMA INFORMÁTICO

III.1 INTRODUÇÃO

Este é o tipo de modelo de dados mais comummente utilizado para criar uma base de dados. Neste tipo de modelo, a base de dados é constituída por um conjunto de tabelas (relações) nas quais são colocados os dados e as ligações.

III.2 PROJECTO PRELIMINAR

III.2.1 ARQUITECTURA DE SOFTWARE

Uma arquitetura de software é a forma como os vários elementos de um sistema informático são organizados. [25] O modelo de arquitetura produzido durante a fase de conceção não descreve o que um sistema informático deve alcançar, mas sim a forma como deve ser concebido para satisfazer as especificações do utilizador.

A análise descreve o "que fazer", enquanto a arquitetura descreve o "como fazer".
fazer"

No nosso caso, optámos pela arquitetura MVC (Model-View-Controller).

O MVC é um modelo de arquitetura que procura separar claramente a camada de apresentação (UI: User Interface), a camada de negócio (BLL: Business Logic Layer) e a camada de acesso aos dados (DAL: Data Access Layer). [26] O objetivo é ter uma dependência mínima entre os diferentes níveis da aplicação, de modo a que as alterações efectuadas em qualquer nível da aplicação não afectem os outros níveis.

A camada de modelo representa a parte da aplicação que executa a lógica empresarial. Isto significa que é responsável pela obtenção de dados, convertendo-os em conceitos significativos para a aplicação, como o processamento, a validação, a associação e muitas outras tarefas de manipulação de dados.

À primeira vista, o objeto Modelo pode ser visto como a primeira camada de interação com

[25] En.m.wikipedia.org/wiki/Architecture_logicielle. Acedido em 09/05/2020
[26] www.fr.wikipédia.com consultado em 03/04/2020

qualquer base de dados da aplicação. Mas, em termos mais gerais, é um dos principais conceitos em torno dos quais a aplicação é executada.

A vista devolve uma apresentação dos dados do modelo. Separada por Objectos Modelo, é responsável por utilizar as informações de que dispõe para produzir uma interface de apresentação para a aplicação.

Por exemplo, tal como a camada Modelo devolve um conjunto de dados, a Vista utiliza esses dados para fornecer uma página HTML. Ou uma saída XML formatada. A camada Visualização não se limita apenas à representação de dados em HTML ou texto. Também pode ser utilizada para fornecer uma grande variedade de formatos que se adaptem às suas necessidades, como vídeo, música, documentos e qualquer outro formato que possa imaginar.

A camada de controlo gere os pedidos dos utilizadores. É responsável por devolver uma resposta com a ajuda mútua das camadas Modelo e Visualização.

Os controladores podem ser imaginados como gestores cuja função é verificar se todos os recursos necessários para completar uma tarefa são delegados aos trabalhadores de forma adequada. Aguardam os pedidos dos clientes, verificam a sua validade de acordo com as regras de autenticação e autorização, delegam os dados recuperados e processados pelo modelo e seleccionam os tipos de apresentação correctos que o cliente aceita, delegando finalmente o processo de apresentação à camada de visualização.

- ilustração do modelo MVC :

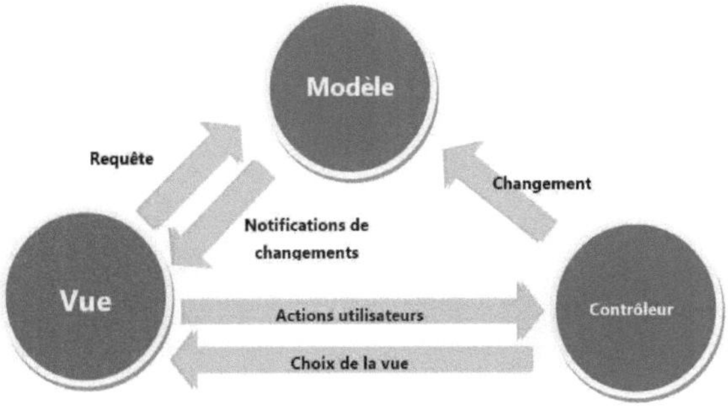

Figura 12: Modelo MVC

III.2.1.1 Diferentes interfaces de casos de utilização

- Criar uma conta escolar
- Atualizar a lista de prémios
- Pedido de transferência de estudante
- Processamento do pedido de transferência

III.2.2.1. Iterações e operações do sistema

Nesta secção, os casos de utilização (iterações) são representados, ou seja, um caso de utilização é executado após o outro, a fim de deduzir o diagrama de classes participantes e o diagrama de sequência detalhado para cada caso de utilização.

Uma iteração é uma sucessão de fases de um projeto

1. Criar conta na escola
2. Atualizar a lista de prémios
   - Adicionar os dados de um aluno
   - Procurar informações sobre um aluno
   - Modificar as informações dos alunos
   - Eliminar informações do aluno.
3. Pedido de transferência
   - Procurar estudantes
   - Criar pedido
4. Processar pedido de transferência
   - Validar o pedido
   - Rejeitar o pedido

III.2.2.2. Diagrama de classes de projeto

a. Diagrama de classes de conceção "Criar conta escolar

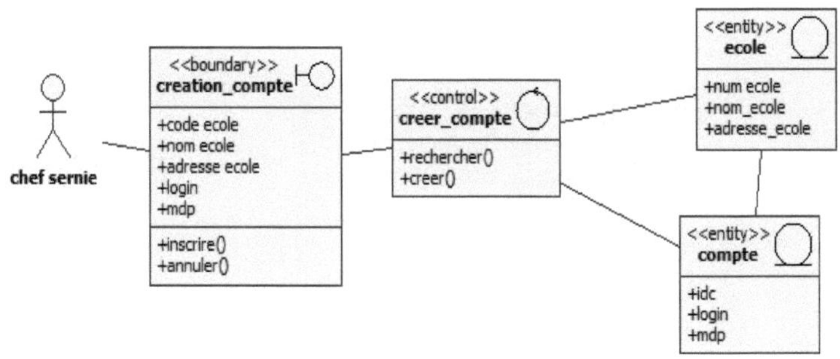

Figura 13: diagrama da criação de uma conta escolar pela turma participante

b. Diagrama de classes para a conceção "atualizar lista de prémios

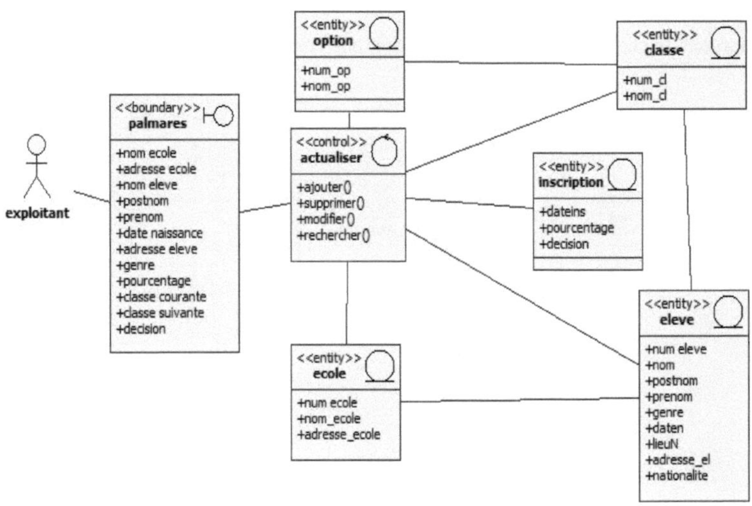

Figura 14: Diagrama de classes do participante - atualização da lista de classificação

c. Diagrama de classes de conceção "Transferência de pedidos

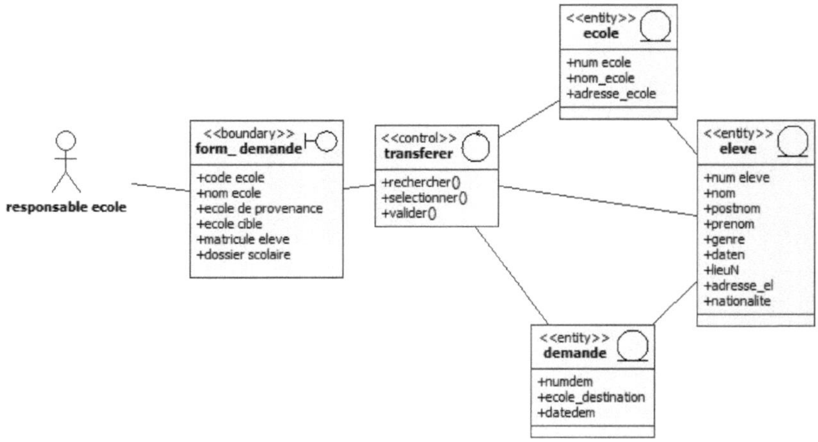

Figura 15: Diagrama de classes do participante transferência de pedidos

d. Diagrama de classes de projeto "Pedido de transferência de processo

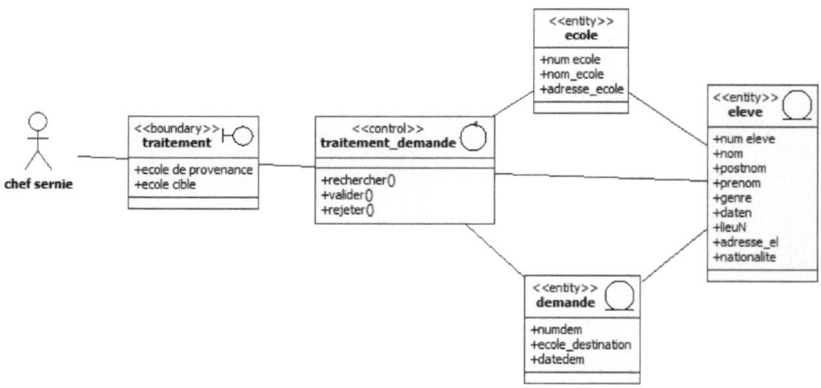

Figura 16: Diagrama de classes do participante: pedido de transferência de processo

III.2.2.3. diagrama de sequência pormenorizado

a. Diagrama de sequência pormenorizado "Criar conta escolar

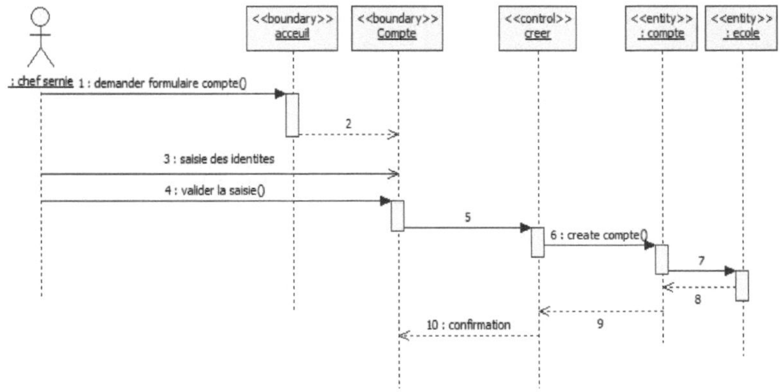

Figura 17: diagrama de sequência pormenorizado criar conta

b. Diagrama de sequência detalhado: "atualizar lista de prémios".

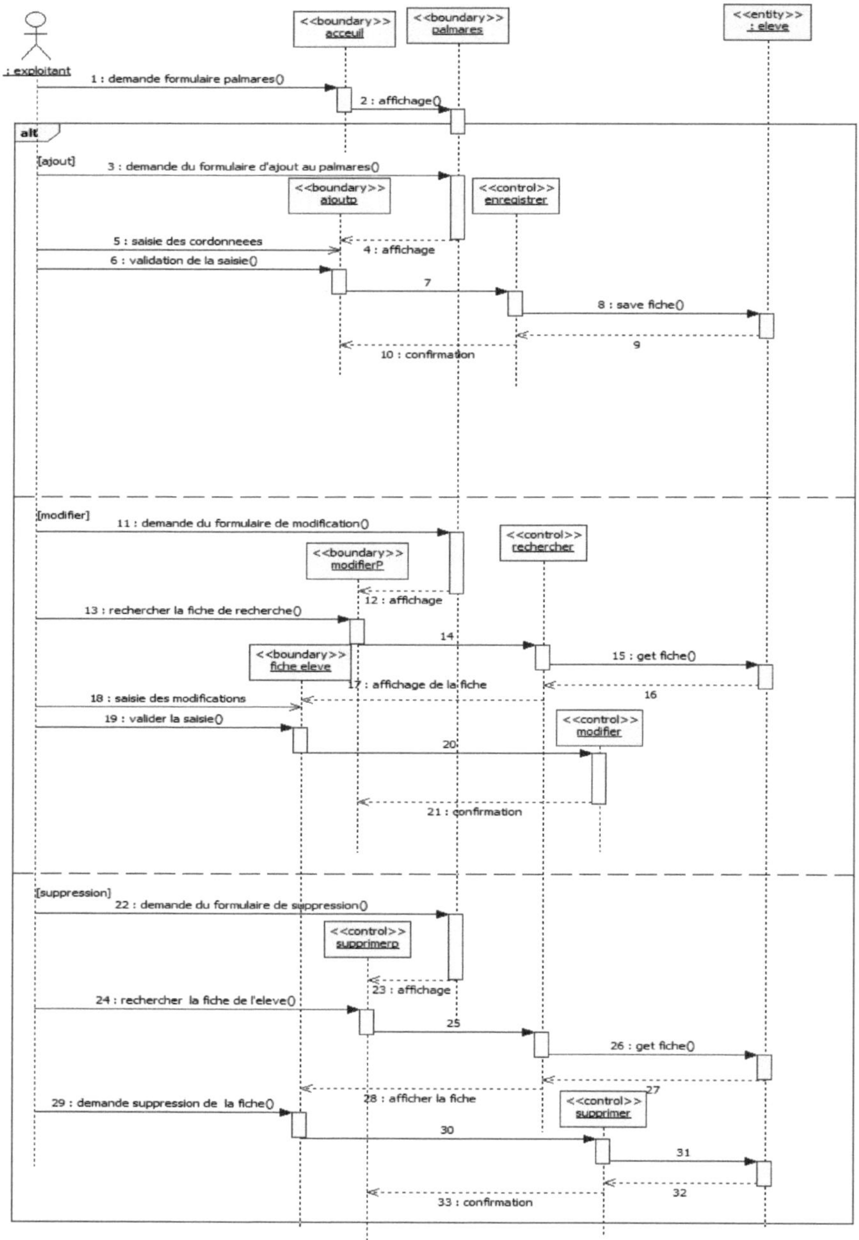

Figura 18: Diagrama pormenorizado da sequência de atualização do catálogo

c. Ver os prémios

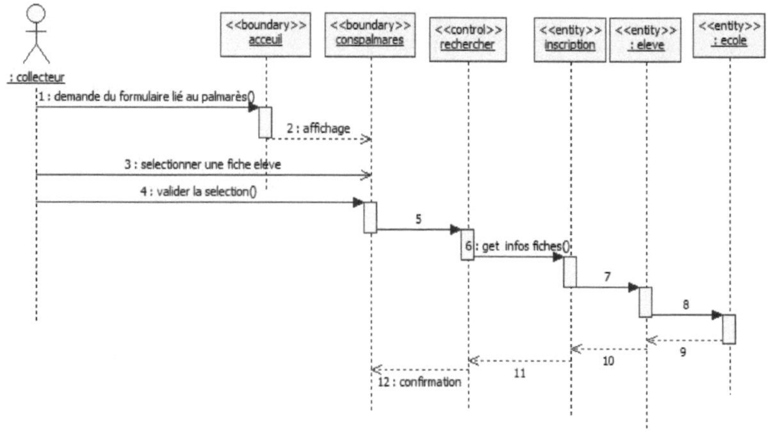

Figura 19: Diagrama de sequência pormenorizado, consulta da lista de classificação

d. Diagrama de sequência pormenorizado da "transferência de pedidos

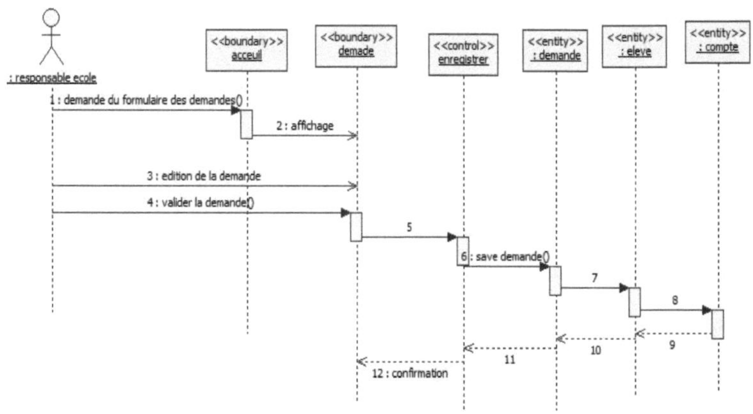

Figura 20: diagrama de sequência pormenorizado do pedido de transferência

e. Diagrama de sequência pormenorizado "Pedido de transferência de processo

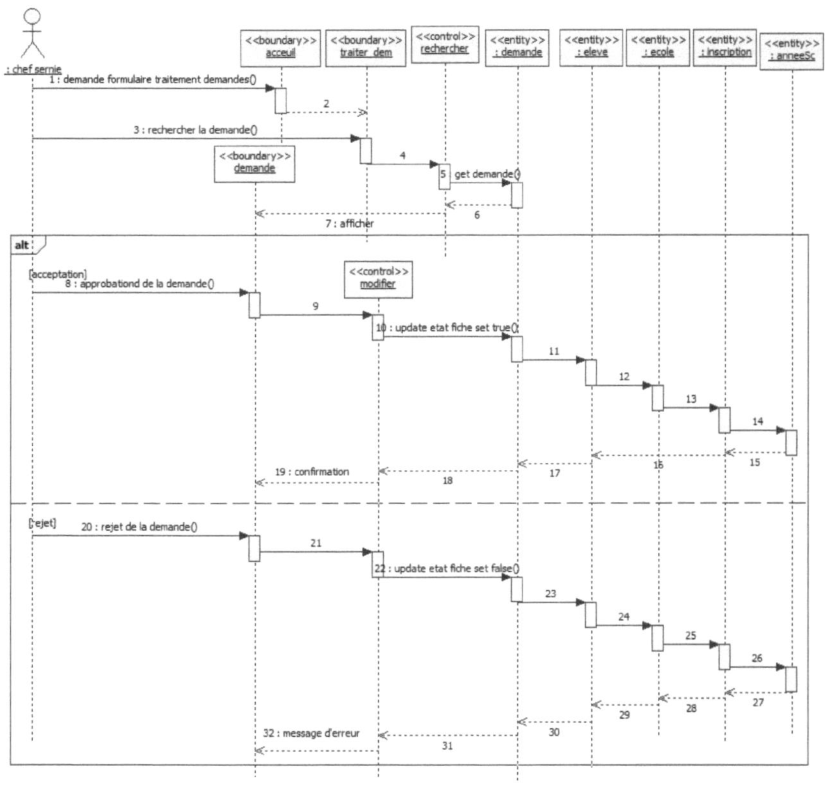

Figura 21: diagrama de sequência pormenorizado - pedido de processo

III.3. PROJECTO DE PORMENOR

III.3.1 MODELO LÓGICO DE DADOS

O modelo relacional permite reformular o modelo concetual num formalismo muito mais próximo da aplicação informática, embora continue a ser independente de qualquer solução tecnológica específica.

Como o modelo concetual é um modelo formal, o modelo lógico também pretende ser um modelo formal, mas já não especifica a realidade existente ou desejada como o modelo concetual, mas os dados tal como existirão na aplicação informática.

Por conseguinte, é necessário respeitar algumas regras de transformação para passar do modelo concetual para o modelo relacional.

III.3.1.1 Regras para passar do modelo concetual para o modelo relacional

Este é o tipo de modelo de dados mais comummente utilizado para criar uma base de dados. Neste tipo de modelo, a base de dados é constituída por um conjunto de tabelas (relações) nas quais são colocados os dados e as ligações.

a) Transformação de classe :

Para cada classe do modelo concetual, é criada uma tabela (relação) nomodelo relacional e deve ser escolhido um atributo de classe para desempenhar o papel de chave primária. Se nenhum atributo for adequado para este papel, deve ser adicionado um atributo adicional para desempenhar este papel. Exceto no caso da herança, em que os atributos da tabela em questão podem ser combinados para formar uma tabela. As propriedades da classe tornam-se os atributos da tabela. No caso de uma classe forte, o seu identificador torna-se a chave da tabela.

b) Transformação das associações :

- Classes de associação :

No caso de uma classe de associação, a tabela correspondente terá como chave uma chave obrigatória composta por todos os identificadores das classes que participam na associação, e cada atributo da chave composta também desempenha o papel de chave estrangeira.

- Associações binárias (um para vários): para este tipo de associação, deve ser adicionado um atributo de chave estrangeira à relação filha (classe com cardinalidade máxima "*") da associação. O atributo recebe o nome da chave da relação pai da associação.
- Associação de um para um :

Para este tipo, deve ser adicionado um atributo de chave estrangeira à relação derivada da classe com uma multiplicidade mínima de um. O atributo tem o nome da chave primária da relação derivada da classe ligada à associação.

A aplicação destas regras conduziu à elaboração do seguinte diagrama de relações:

- Escola (número_da_escola,nome_da_escola,endereço_da_escola)
- Eleve(matel,nom,postnom,prenom,genre,daten,lieun,adresseel,nation nalite,num_ec#)
- demandet(numdem,ecole_dest,datedem, matel#)
- Classe(_num_cl,nom_cl)
- Registo(matel#,num_cl#,num_annee#,dateins,percentage,decisi on,annee_sc)

- Opção(op_number,op_name,cl#_number)
- Conta(id_c,login, mdp,nom_resp,postnom_resp,num_ec#)

III.3.1.2 MODELO DE DADOS FÍSICOS

- Criar palmares de base de dados ;
- Criar tabela ecole(num_ec char(10) primary key, nom_ec char(15),adresse_ec(25)) ;
- Criar tabela eleve(matel varchar(15),nom varchar(20),postnom varchar(20),prenom varchar(20),genre varchar(10),daten date,lieun varchar(15),adresseel varchar(20),nationnalite varchar(20),num_ec varchar(10), foreign key references ecole(num_ec)) ;
- Criar tabela demande(numdem int primary key,ecole_dest varchar(10),datedem date matel varchar(10),foreign key references eleve(matel));
- Criar tabela Classe(num_cl int chave primária,nom_cl varchar(10))
- Criar tabela Registration(matel varchar(10),num_cl int,num_annee int,dateins date, primary key (matel,num_cl,num_annee),foreign key(matel)references eleve(matel), foreign key(num_cl)references classe(num_cl), foreign key(num_annee) references anneesc(num_annee), pourcentage int, annee_sc date, decision varchar(10))
- Criar tabela Option(num_op int primary key,nom_op varchar(15),num_cl int, foreign key(num_cl)references classe(num_cl))
- Criar tabela Compte(id_c int chave primária,login varchar(20), mdp varchar(15),nom_resp varchar(20),postnom_resp varchar(20),num_ec varchar(10), foreign key(num_ec)references ecole(num_ec))

CAPÍTULO IV
IMPLEMENTAÇÃO E IMPLANTAÇÃO DA SOLUÇÃO INFORMÁTICA

III.1 INTRODUÇÃO

Neste capítulo, definimos as ferramentas de desenvolvimento utilizadas para implementar a nossa aplicação. De seguida, apresentamos algumas das interfaces e o código fonte da aplicação.

III.2 Aplicação Web

Uma aplicação Web é uma aplicação de software alojada num servidor e acessível através de um navegador Web. Ao contrário do software tradicional, os utilizadores de uma aplicação Web não precisam de a instalar no seu computador. Tudo o que têm de fazer é ligar-se à aplicação utilizando o seu browser.

III.3 VANTAGENS DE UMA APLICAÇÃO WEB

1. Acesso universal a partir de qualquer tipo de posto de trabalho: PC, computador portátil, telemóvel, tablet, etc;
2. Sem incompatibilidade de sistemas operativos (basta um browser);
3. Trabalhar a partir de qualquer parte do mundo;
4. Os dados são centralizados;
5. Os dados estão disponíveis 24 horas por dia, 7 dias por semana;
6. Sem risco de perda de dados.

III.4 FERRAMENTAS DE DESENVOLVIMENTO :

a. Desenvolvimento de diagramas :

Para criar os diagramas UML utilizados para modelar a nossa aplicação Web, utilizámos um software de desenvolvimento de diagramas:

O STAR UML é uma ferramenta de Linguagem de Modelação Unificada (UML) e um gerador de código.

Pode criar diagramas de software e outros sistemas no formato UML padrão da indústria, e também pode gerar código a partir de diagramas UML numa variedade de linguagens de programação.

b. PhpMyAdmin :

PhpMyAdmin é uma ferramenta de software livre escrita em PHP, concebida para gerir a administração do MySQL na Web. PhpMyAdmin suporta uma vasta gama de operações no MySQL e MariaDB.

As operações frequentemente utilizadas (gestão de bases de dados, tabelas, colunas, relações, índices, utilizadores, autorizações, etc.) podem ser executadas através da interface do utilizador, embora tenha sempre a opção de executar diretamente uma instrução SQL.

c. MYSQL :

MySQL é uma base de dados relacional gratuita que foi lançada em 1995 e é amplamente utilizada na Web, muitas vezes em conjunto com PHP (linguagem) e Apache (servidor Web). O MySql funciona em todos os sistemas operativos (incluindo Windows, Linux e Mac OS). O princípio de uma base de dados relacional consiste em armazenar informações em tabelas que representam grupos de dados por assunto (tabela de produtos, tabela de utilizadores, etc.).

d. Mozilla Firefox :

O Mozilla Firefox é um navegador web gratuito e de código aberto, desenvolvido e distribuído pela Fundação Mozilla com a ajuda de milhares de voluntários, utilizando métodos de desenvolvimento de código aberto e código fonte gratuito.

3.5) Linguagem de programação :

3.5.1) PHP :

PHP é um acrónimo recursivo que significa PHP: Hypertext Preprocessor. É uma linguagem incorporada em HTML e interpretada ou compilada no lado do servidor. É derivada do C e do Perl, de onde retira a sua sintaxe.

Esta linguagem é utilizada principalmente para produzir um sítio Web dinâmico. É comum que esta linguagem esteja associada a uma base de dados, como o MySQL.

Funcionando no lado do servidor (o local onde o sítio está alojado), não é necessário que os visitantes tenham qualquer software ou plugins especiais.

Como suporta todos os padrões da Web e é gratuito, espalhou-se rapidamente pela Web. O PHP pode ser instalado nos principais servidores Web existentes no mercado.

III.5 MODELO DE IMPLANTAÇÃO

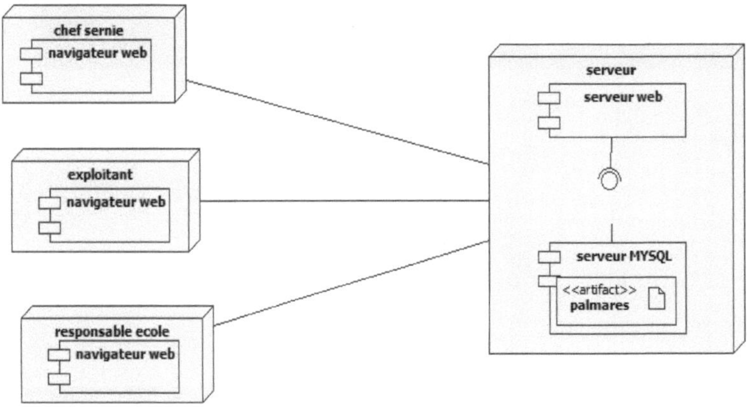

Figura 22: diagrama de implantação

IV.6. PROGRAMAÇÃO E APRESENTAÇÃO DE INTERFACES

a. APRESENTAÇÃO DAS INTERFACES

1. Interface de autenticação

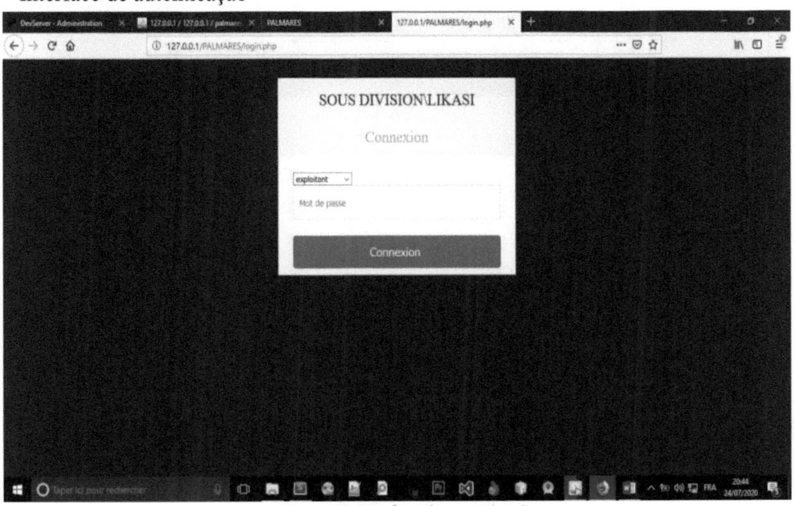

Figura 23: Interface de autenticação

2. Interface do operador

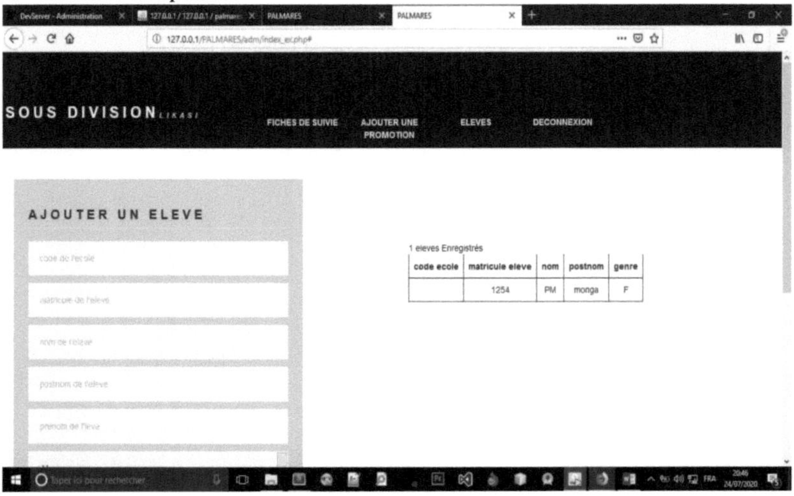

Figura 24: interface do operador

3. Interface chefe SERNIE

Figura 25: interface da cabeça de série

4. Interface dos prémios

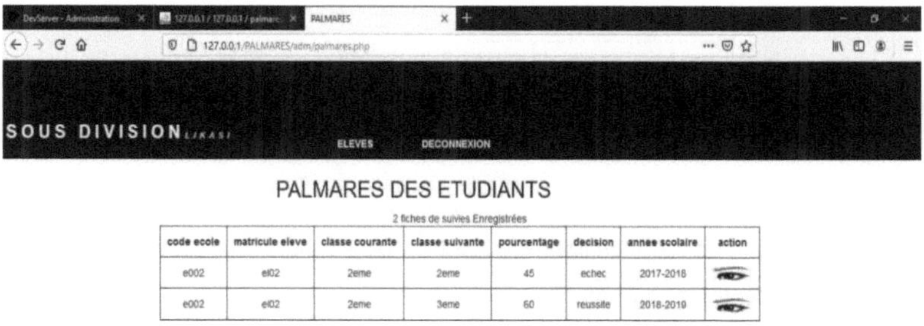

code ecole	matricule eleve	classe courante	classe suivante	pourcentage	decision	annee scolaire	action
e002	el02	2eme	2eme	45	echec	2017-2018	
e002	el02	2eme	3eme	60	reussite	2018-2019	

Figura 26: Interface da lista de classificação

B. APRESENTAÇÃO DOS CÓDIGOS-FONTE

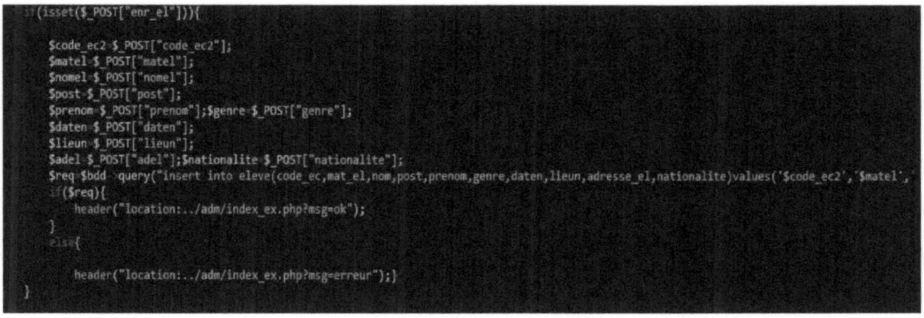

```php
if(isset($_POST["enr_el"])){

    $code_ec2=$_POST["code_ec2"];
    $matel=$_POST["matel"];
    $nomel=$_POST["nomel"];
    $post=$_POST["post"];
    $prenom=$_POST["prenom"];$genre=$_POST["genre"];
    $daten=$_POST["daten"];
    $lieun=$_POST["lieun"];
    $adel=$_POST["adel"];$nationalite=$_POST["nationalite"];
    $req=$bdd->query("insert into eleve(code_ec,mat_el,nom,post,prenom,genre,daten,lieun,adresse_el,nationalite)values('$code_ec2','$matel','
    if($req){
        header("location:../adm/index_ex.php?msg=ok");
    }
    else{

        header("location:../adm/index_ex.php?msg=erreur");}
}
```

Figura 27: código de registo do estudante

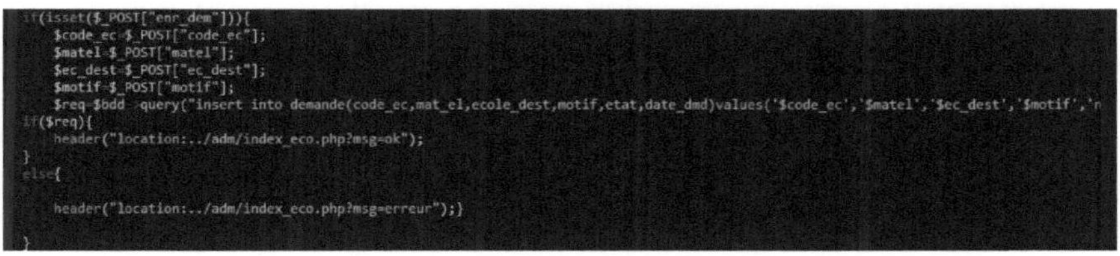

```php
if(isset($_POST["enr_dem"])){
    $code_ec=$_POST["code_ec"];
    $matel=$_POST["matel"];
    $ec_dest=$_POST["ec_dest"];
    $motif=$_POST["motif"];
    $req=$bdd->query("insert into demande(code_ec,mat_el,ecole_dest,motif,etat,date_dmd)values('$code_ec','$matel','$ec_dest','$motif','n
if($req){
    header("location:../adm/index_eco.php?msg=ok");
}
else{

    header("location:../adm/index_eco.php?msg=erreur");}

}
```

Figura 28: Código de registo para um pedido de transferência de aluno

CONCLUSÃO GERAL

Em suma, o nosso trabalho centrou-se no desenvolvimento de uma aplicação para facilitar o acompanhamento do percurso escolar dos alunos na inspeção da subdivisão de Likasi.

I. Apresentámos as diferentes etapas que conduziram à implementação desta solução paliativa.

Começámos por identificar as dificuldades encontradas pela subdivisão, principalmente no SERNIE, com vista a encontrar uma solução adequada.

Os nossos inquéritos revelaram que se perdia muito tempo em certas operações, como a procura de um documento muito antigo, e que era difícil identificar as escolas e os alunos, bem como as escolas que deambulavam.

Como resposta a estes diferentes problemas, propusemos a informatização do serviço responsável pela gestão do currículo escolar dos alunos inscritos no ensino primário, secundário e técnico na cidade urbana de Likasi.

Para a realização da nossa investigação, as técnicas de entrevista, documental e de observação direta foram de extrema importância. Além disso, a linguagem de modelação UML e o processo unificado UP foram utilizados para apoiar a análise de requisitos e a conceção da nossa aplicação Web, utilizando vários diagramas UML que abrangem os aspectos funcionais, dinâmicos e estáticos do desenvolvimento.

No entanto, ainda há margem para melhorias, como o aperfeiçoamento da aplicação com determinadas funcionalidades.

BIBLIOGRAFIA

A. Trabalho

- KAZADI KIMBU e KALUNGA MAWAZO, *Les méthodes de recherche et d'analyse en sciences sociales et humaines*, EDUPC/Lubumbashi, 2013
- RONGERE e MULUMBATI NG, *manual de sociologia geral*, Ed. África, Lubumbashi 1980
- Ibrahima Lo, *Les méthodes de recherche scientifique en sciences sociales, ed.* Alto Aubier, Paris, 1995
- Jean-Louis Loubet del Bayle, Iniciação aos métodos das ciências sociais (2000), Toulouse
- J.Batiste , *Merise, Guide pratique : modélisation des données et des traitements,* nova edição, ENI, Paris,
- F.DIGALLO, Methodologie des systemes d'informations-merise,CNAM ANGOULEME, 2001-2002, Paris
- J.Batiste , *Merise, Guide pratique : modélisation des données et des traitements,* nova edição, ENI, Paris,
- _ P. eRoques, *Os cadernos do programador UML2, Modelar uma aplicação web*, Eyrolles, 4 edição, 2008,
- P. Roques, *Os cadernos do programador UML2, Modelar uma aplicação web, Eyrolles, 4ª edição, 2008*
- P. Roque e F. Vallée, *UML2 em ação, da análise das necessidades à conceção,* 4ª ed., EYROLLES, paris
- L. Welling e L. Thomson, *PHP & MYSQL,* Pearson, 4ª Ed

B. Sítio Web

- http:// En.m.Wikipedia.org
- http://web.mysql.com/why-mysql/benchmark.html
- Http:// www.larousse.fr
- *https://cordial.fr*
- *http://definition-simple.com*
- http ://developpez.com

MIX
Papier aus verantwortungsvollen Quellen
Paper from responsible sources
FSC® C105338

Printed by Books on Demand GmbH, Norderstedt / Germany